AGEU BARROS

DIRETOR DO INSTITUTO PAULISTA DE GESTÃO ESTRATÉGICA – IPGE

GESTÃO ESTRATÉGICA NAS PEQUENAS E MÉDIAS EMPRESAS

Gestão Estratégica nas Pequenas e Médias Empresas
Copyright© Editora Ciência Moderna Ltda., 2005

Todos os direitos para a língua portuguesa reservados pela EDITORA CIÊNCIA MODERNA LTDA.

Nenhuma parte deste livro poderá ser reproduzida, transmitida e gravada, por qualquer meio eletrônico, mecânico, por fotocópia e outros, sem a prévia autorização, por escrito, da Editora.

Editor: Paulo André P. Marques
Supervisão Editorial: Larissa Neves Ventura
Capa: Antonio Carlos Ventura
Diagramação: Simone Martins
Revisão: Rafael Souza-Ribeiro
Revisão de provas: Larissa Neves Ventura`
Assistente Editorial: Daniele M. Oliveira

Várias **Marcas Registradas** podem aparecer no decorrer deste livro. Mais do que simplesmente listar esses nomes e informar quem possui seus direitos de exploração, ou ainda imprimir os logotipos das mesmas, o editor declara estar utilizando tais nomes apenas para fins editoriais, em benefício exclusivo do dono da Marca Registrada, sem intenção de infringir as regras de sua utilização.

FICHA CATALOGRÁFICA

Barros, Ageu
Gestão Estratégica nas Pequenas e Médias Empresas
Rio de Janeiro: Editora Ciência Moderna Ltda., 2005.

Administração Geral
I — Título.

ISBN: 85-7393-371-2
CDD 658

Editora Ciência Moderna Ltda.
Rua Alice Figueiredo, 46
CEP: 20950-150, Riachuelo – Rio de Janeiro – Brasil
Tel: (21) 2201-6662/2201-6492/2201-6511/2201-6998
Fax: (21) 2201-6896/2281-5778
E-mail: lcm@lcm.com.br

Este livro é dedicado aos meus pais e aos meus filhos.
Sandoval, Rita, Pedro e Isabella, vocês são o meu passado
e o meu futuro. Mais do que isso, vocês são a fonte sempre
presente da minha coragem e inspiração.
Que Deus os abençoe.

A. Barros

SUMÁRIO

INTRODUÇÃO IX

CAPÍTULO 1 - PLANEJAMENTO, ESTRATÉGIA E MODELAGEM:
QUEM PRECISA DISSO? 1
    O que é planejar? 3
    Etapas de Planejamento: O Projeto Pipoca.. 8
    Conclusão 10

CAPÍTULO 2 - CONCEITO DE VALOR E MARCA 13
    A Comunicação de Valor via Marca 18

CAPÍTULO 3 - PLANEJAMENTO ESTRATÉGICO DE MARKETING 23
    Marketing é o próprio negócio, do ponto de vista do cliente 24
    Avaliando Entorno e Mercado..25
    Olhando para dentro: onde geramos valor e onde o destruímos 34
    Conceito de foco: mercado e não produto 40
    Rever Investimentos 42

CAPÍTULO 4 - GESTÃO POR PROJETOS 45
    O que é um projeto? 48

VI | GESTÃO ESTRATÉGICA NAS PEQUENAS E MÉDIAS EMPRESAS

CAPÍTULO 5 - GESTÃO DE TALENTOS ESTRATÉGICOS 51

O impacto do computador 53
Implementando uma Cultura Estratégica 55
    1) Desenvolver o Pensamento Estratégico 55
    2) Rever a Estrutura Organizacional 58
    3) Reavaliar as Necessidades de Treinamento 58
    4) Instituir Objetivos e Medições 59
    5) Criar Sistemas de Recompensa 60
    6) Distribuir Informação e Gerar Conhecimento 60
    7) Promover a Comunicação para gerar Velocidade 61
O dilema do fundador 61

CAPÍTULO 6 - VIABILIDADE, INVESTIMENTO E RETORNO 65

Viabilidade de Projetos Internos 68
Viabilidade de Projetos Externos 71
Conceito de Fluxo de Caixa na Análise de Viabilidade 73
Métodos de análise financeira de investimentos baseados no fluxo
    de caixa descontado 76
Conceito de taxa mínima de atratividade (TMA) 77
Fluxo de caixa e imposto de renda 77
Projetos que demonstram prejuízo (lucro tributável negativo) 78

CAPÍTULO 7 - PLANEJANDO NOVOS NEGÓCIOS: ROTEIRO SIMPLIFICADO 79

Sumário Executivo 80
Objetivos 80
Missão 81
Fatores de Sucesso 81
Estrutura Física e Legal 82
Produtos e Serviços 82
Literatura de Vendas 83
Fontes de Fornecimento 83
Tecnologia 83
Futuros Produtos ou serviços 84
Sumário de Mercado 84
Tendências de Mercado 84
Concorrência 85
Valor e Preço 85
Estratégia e Táticas 85

SUMÁRIO | VII

CAPÍTULO 8 - PLANEJAMENTO FINANCEIRO E MODELAGEM DE LUCRO 87

Estratégia de Volume e Escala 89

Estratégia de Preço e Cliente 93

O Que é Uma Empresa e Para Que Nos Serve? 94

Orçamento Operacional ....,... 100

    1) Despesa Fixa 103

    2) Investimento Em Tecnologia 104

    3) Investimento Em Marketing 104

    4) Capital de Giro 104

    5) Capital Fixo 105

    6) Lucro Operacional 105

Modelagem de Lucro 106

    Case de Modelagem Financeira / Empresa Industrial 106

O valor do Negócio 108

CAPÍTULO 9 - MÉTRICAS, MAPAS E SCORECARDS NA MINHA EMPRESA? 113

    1) Margem de Contribuição (por segmento ou território) 116

    2) Índice de Aprendizado dos Colaboradores 117

    3) Índice de Satisfação dos Clientes 118

    4) Índice de Atendimento (ou Vendas Perdidas) 120

    5) Retorno sobre Capital (por divisão de vendas ou linha de produtos) 121

    6) Índice de Custo Logístico versus Vendas 121

    7) Percentual de Share Within (posição relativa da empresa no total
    de compras possíveis do cliente) 121

    8) Share de Mercado (de cada um de seus produtos) 122

    9) Produtividade (margem direta por empregado) 122

    10) Valor (margem real por produto ou serviço) 123

Introdução

Vivemos num Brasil cuja economia cresceu muito pouco nos últimos 20 anos e que precisa urgentemente se posicionar para ocupar seu lugar no mundo das grandes nações, onde as oportunidades de comércio crescem a cada dia, mas não tanto quanto a agressividade e a competitividade dos nossos concorrentes.

A China duplicou o tamanho de sua economia em poucos anos e continua crescendo rápido. A Índia (com a ajuda dos indianos residentes no exterior) desponta como a locomotiva mundial na produção de softwares. A Coréia lidera a tecnologia de produção de navios. Por todo lado, a velocidade da concorrência não deixa dúvidas: quem não acelerar, vai ficar para trás.

Enquanto a Índia, por exemplo, possui 150 milhões de pessoas que sabem inglês e podem competir no mercado internacional de trabalho qualificado, aqui no Brasil o ensino básico é deficiente, o ensino médio não qualifica para o trabalho e as faculdades pagas proliferam sem qualidade. Como praticar comércio exterior sem saber inglês, por exemplo?

Nosso sucesso no agronegócio e na exportação de produtos primários ajuda a balança cambial e garante a remuneração do capital dos nossos credores, banqueiros internos e externos. Isso é positivo, mas não basta e não gera o crescimento tecnológico e empresarial que vai empregar nossos cidadãos e seus filhos.

É sempre bom lembrar que a maior parte dos brasileiros vive nas cidades, onde o desemprego e a falta de liderança familiar representam o principal problema social. Sem emprego urbano para o chefe de família, homem ou mulher, não existe coesão familiar, não existe paz social. Por isso é tão importante o papel das PME (pequenas e médias empresas) em nosso país.

O Brasil precisa incentivar o capital empresário, nossa definição para o capital que pensa, cria, arrisca-se, sustenta o governo, distribui renda e gera empregos, pagando salários e benefícios que tornam o Brasil menos pobre e mais justo. A propósito, a contribuição social do empresário brasileiro é muito maior que, por exemplo, a do empresário americano. Ironicamente, lá o respeito pelo empresário é muito maior em todas as esferas da sociedade.

O quadro é desafiador e exige que façamos mais, melhor e, sobretudo, mais rápido. Para tanto, precisamos de mais educação gerencial. Como não adianta esperar pelo governo, resta ao pequeno e médio empresário fazer mais esse investimento, procurando adequar a qualificação de sua equipe gerencial aos processos estratégicos da empresa, gerando valor, cada vez mais rápido.

Essa geração de valor, com velocidade competitiva, chama-se produtividade, que, ao se espalhar pela economia, gera um círculo virtuoso. Essa produtividade macro-econômica vai atrair mais capital empresário, gerando mais produção, mais empregos, mais mercado, mais produção, mais empregos e assim sucessivamente. Disso depende nosso futuro enquanto nação.

Jamais acredite que "em time que está ganhando não se deve mexer" ou outra baboseira paralisante qualquer. Foi exatamente por acreditar nisso que países inteiros fracassaram nos últimos 50 anos, enquanto outros, sem recursos ou riquezas, assumiram posições privilegiadas na economia mundial.

1

Planejamento, Estratégia e Modelagem: Quem precisa disso?

Muitos pequenos e médios empresários, envolvidos no dia-a-dia de suas operações, acreditam que planejamento estratégico é coisa para empresa grande, com projetos milionários, grandes clientes e muitos diretores ociosos.

Imaginam dezenas de reuniões, muito tempo e muito papel desperdiçado para criar um plano que vai estar velho no instante em que nascer.

Isso pode ser ou ter sido verdade em muitos casos, em muitas empresas. Para o pequeno e médio empresário brasileiro, todavia, sabemos que esse luxo não é possível.

O custo governo (direto e indireto), a falta de capital de risco, a flutuação do mercado e os desafios operacionais exigem uma velocidade de reação empresarial que absorve tempo e atenção, dificultando a reflexão e impedindo o processo de rever, continuamente, a melhor alocação do tempo e do dinheiro da empresa.

Em contraponto a essa velocidade de reação que enaltece o talento do empresário brasileiro e o coloca no mais alto patamar da gestão mundial, está sua também reconhecida deficiência de planejamento. O empresário brasileiro se acostumou a viver sem planejamento, confiante de seu traquejo de pilotagem e desvio em alta velocidade.

A própria concepção de que planejamento estratégico é uma função executiva "de alto nível" cria uma dificuldade a mais para sua implantação na pequena e média empresa. Alto nível significa diretoria e esta "pessoa" nunca tem tempo. Como fazer? Uma metodologia de implantação mais aberta e melhor distribuída na hierarquia facilitaria muito o processo de planejamento estratégico na empresa, mas isso não seria muito aceitável no ambiente autocrático e/ou familiar que caracteriza boa parte das pequenas e médias empresas no Brasil. Piorando o quadro, além da dificuldade de delegar internamente, o empresário brasileiro ainda não se habituou a delegar externamente em nível de consultoria estratégica, gestão de projetos, etc.

Entendemos que a pressão do mercado, cada vez mais global, já esgotou a capacidade de reação oportuna na maioria das empresas, gerando prejuízos constantes, menores ou maiores. Existe uma sensação ou uma crença de que prejuízos decorrentes da falta de planejamento, mesmo quando identificados, são normais, fazem parte do jogo. Reforçando essa crença, acredita-se piamente que planejar é impossível, até porque existe o conceito largamente difundido de que planejar é adivinhar o que vai acontecer.

A economia brasileira não vem crescendo em proporção ao resto do mundo há muitos anos e a competitividade das empresas brasileiras também não. Na medida em que China e Índia crescem rapidamente e tomam espaço no mercado mundial de bens e serviços, esse universo globalizado de trocas competitivas vai exigir cada vez mais uma velocidade gerencial que só pode ser alcançada e mantida com ferramentas de gestão competitiva. São muitas essas ferramentas, mas nenhuma delas pode ser usada sem cabeças pensantes, sem educação gerencial, sem cultura estratégica. Essa moldura intangível não acontece por acaso, não pode ser comprada com dinheiro apenas, requer tempo e talentos, internos e externos.

As ferramentas, em si, não são tão complexas, seu custo de implementação é relativamente baixo e o principal desafio parece ser mudar a mentalidade dos dirigentes, reformar a cultura das empresas e criar o hábito de envolver pessoas, discutir metas, montar cronogramas, estabelecer parâmetros de performance e documentar a execução dos trabalhos.

Falamos acima em dirigentes, mas mesmo o nível gerencial médio não escapa do vício autocrático e da doença de "fortificação" funcional que ocorre quando as pessoas constroem muralhas de proteção em torno de seu trabalho, de seu ego e de seu salário mensal. Partilhar, delegar e discutir não combina com esses desvios de comportamento, da mesma forma que detalhar metas, explicar projetos e documentar a execução não combina com insegurança psicológica.

Muitos diretores comerciais, por exemplo, resistem em detalhar seu plano de vendas, documentar sua subseqüente execução e explicar as inevitáveis variações. Claro que o detalhamento de um plano de vendas vai expor alguns detalhes que devem ser reservados em nível executivo, mas a maior parte do trabalho pode e deve ser desenvolvida pelos profissionais da linha de frente, vendedores e gerentes comerciais, com apoio do marketing estratégico e da controladoria estratégica (essas definições estão no Guia de Gestão Estratégica, um apêndice do livro).

O que é planejar?

Planejar não é refazer e projetar adiante os números passados pela contabilidade com 10% a mais nas vendas e 20% a menos nos custos. Planejar não é cortar despesas. Planejar não é fixar metas a serem cumpridas. Planejar não é prever o que vai acontecer.

Planejar é um processo. Um processo que se inicia por uma etapa de questionamento existencial. É quando a empresa pensa seu destino, revê suas entranhas e olha em volta. Exatamente como deve fazer cada ser humano de vez em quando.

O passo seguinte deve ser o questionamento estratégico, a análise das alternativas, a busca pelo caminho que existe ou pode ser feito, a definição do objetivo que queremos e podemos alcançar.

Algumas perguntas são inevitáveis:

- Qual é o nosso negócio?
- Devemos prosseguir nesse negócio?

- Podemos trilhar novos rumos?
- Podemos manter negócios velhos e criar novos?
- Como podemos recriar nossa empresa para avançar?

Cada vez mais essa primeira pergunta se torna difícil de responder, porque produtos e serviços se confundem, necessidades do cliente se misturam e a capacidade de criar valor se torna o diferencial maior do empreendedor. Na segunda pergunta, vem a dúvida angustiante. Todo empresário quer crescer, seja no mesmo formato de negócio ou não. Como e para onde prosseguir?

Pensar o grau de mudança possível e desejável, projetar as relações de causa/ efeito que eventualmente formatarão essas mudanças e calcular as alternativas operacionais (redução ou aumento de investimentos e esforços) para que tudo aconteça faz parte do processo de modelagem estratégica.

> *Modelagem Estratégica é uma metodologia derivada do planejamento estratégico para avaliar as relações de causa/efeito em cada etapa do caminho decisório, delimitar a incerteza, monitorar o ambiente e assegurar o melhor resultado, tudo dentro de uma moldura de probabilidades.*

Sendo um processo prático, conduzido com velocidade, a modelagem estratégica se apóia em ferramentas quantitativas, que incluem planilhas eletrônicas abertas (Excel, Lótus, etc.) ou integradas, do tipo Business Intelligence. Inserindo hipóteses operacionais, números conseqüentes e probabilidades ambientais, podemos obter uma validação ou cancelamento de alternativas estratégicas em níveis mais ou menos detalhados.

Estamos falando de conceitos de negócios colocados em formato de plano e submetidos a um processo de análise financeira, apenas isso. Esse trabalho de validação antecipada das idéias de produção, marketing, vendas e logística visa a acelerar as decisões e ganhar tempo. Tempo, cada vez mais, é dinheiro.

Cada exercício de modelagem deve ser desenvolvido dentro de uma moldura estratégica. Essa moldura estratégica é o território mercadológico onde deverá ocorrer todo o processo de gestão dos negócios da empresa durante um certo período de tempo. Dentro da moldura, o processo de modelagem vai definir o rumo.

Esse rumo estratégico, por sua vez, não é uma linha reta, um caminho preestabelecido. Para cada orçamento mensal, por exemplo, podemos ter vários níveis quantitativos, derivados de vários planos de ação comercial, cuja implementação vai depender do cenário momentâneo. Não se deve tentar prever com um ano de antecedência se determinado cliente ou determinado fornecedor vai apoiar uma ação promocional em setembro ou um estoque consignado em outubro.

Em outras palavras, não faz sentido construir um único plano que contemple todas as possibilidades, até porque essas possibilidades podem conflitar entre si. Por sua própria natureza dinâmica e flexível, o processo de planejamento tende a gerar sempre um número significante de alternativas a serem gerenciadas ao longo do tempo. Essas alternativas, analisadas à luz dos dados disponíveis no momento, podem ou não serem transformadas em planos de trabalho. De qualquer forma, todas as alternativas devem ser avaliadas e votadas por todos os gestores envolvidos, de forma aberta e intelectualmente honesta. A alternativa escolhida em votação como a primeira opção de trabalho será chamada de Plano A, por uma questão de nomenclatura. Isso não significa dizer que as outras alternativas sejam ruins ou descartáveis.

Pode ser que um determinado plano A tenha sido escolhido a priori, dentre outras alternativas, mas um plano B e todas as outras combinações seqüenciais possíveis derivam do mesmo processo intelectual de montagem do primeiro plano. Na realidade, o processo se desdobra da seguinte forma:

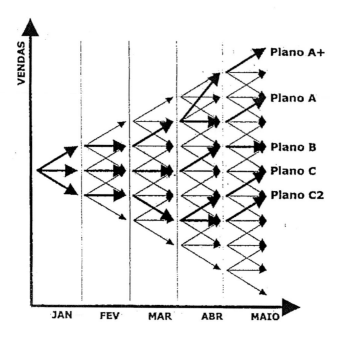

Figura 1.1 - Rumo Estratégico.

No exemplo acima, presumimos que a alternativa escolhida para a empresa (Plano A), tenha sido julgada por todos a mais viável no momento. Todavia, essa escolha não é sagrada, não é um objetivo a ser perseguido a qualquer custo. O avanço deve ser cauteloso e os investimentos nos produtos e clientes devem ser contabilizados, medidos e revistos ao longo do caminho. Esforços inteligentes e sacrifícios pessoais devem ser dedicados às metas inseridas no plano, sem dúvida, mas o mercado é rei e decide. Caso não seja possível seguir o caminho A, o próximo caminho possível será o B, que contempla um volume de vendas um pouco inferior. E, caso um determinado evento positivo ocorra, iremos todos para o Plano A+, que agora não parece possível porque o tal evento (talvez um grande cliente com quem estamos negociando há anos) está longe de se confirmar. Podemos ainda ter múltiplos cenários (incluindo números relativos a investimento, vendas, margem, etc.) para cada negócio, dentro da mesma empresa, dessa forma criando uma seqüência flexível de planejamento operacional e orçamentário, capaz de refletir a maior parte das decisões e mudanças prováveis que o mercado irá impor.

Como já dissemos antes, planejar não é prever o que vai acontecer. Planejar é estabelecer possíveis relações de causa e efeito no caminho estratégico da empresa. Planejar é antecipar dúvidas e probabilidades, preparando assim a reação futura. Se a equipe gerencial tiver sido envolvida no processo pensante, haverá um alinhamento na percepção e na reação coletiva quando o imprevisto acontecer. Até porque esse imprevisto fará parte de uma moldura de possibilidades que já foi discutida, pelo menos na essência. Nesse momento, a equipe, de forma organizada, poderá optar por um desvio programado. Esse desvio não representa um fracasso de ninguém, muito menos da empresa. A opção por um outro caminho que não o plano A inicial é uma contingência da vida empresarial, parte do processo, sem problema. Se, por outro lado, não houver um treinamento mental da equipe para identificar mutações no cenário, três possibilidades existem: a) a mutação ambiental não será percebida b) a mutação, ao ser percebida, gerará indecisão e c) a mutação, identificada, gerará uma reação desalinhada com a estratégia.

O primeiro caso (mutação não percebida) pode ser parte de um quadro mais grave. Existe a possibilidade de que a rotina operacional venha a absorver toda a atenção da equipe, gerando uma percepção de continuidade e segurança. A indestrutibilidade da empresa será uma premissa de trabalho. Estamos falando do efeito Titanic.

Assim como a rota de um navio no mar, um plano empresarial não dispensa o processo contínuo de monitoramento, análise, reportagem, percepção, revisão e reação, que ainda é eminentemente humano, depende da inteligência gerencial mais próxima dos acontecimentos.

- Monitoramento = justapor dados contábeis x orçados
- Análise = re-agrupar e identificar todas as correlações
- Reportagem = informar aos interessados
- Percepção = entender causa/efeito imediato e futuro
- Revisão = avaliar alternativas
- Reação = refazer ou cancelar a ação

A primeira metade do processo de controle (monitoramento, análise e reportagem) é função da controladoria. Se os profissionais envolvidos não possuem essa capacidade, é preciso treiná-los e integrá-los, sob o risco de inviabilizar todo o processo de planejamento e gestão estratégica.

Se o processo de planejar foi conduzido corretamente, com o envolvimento dos gestores de cada área, a probabilidade de correção posterior bem sucedida é maior.

Tentaremos demonstrar, ao longo das páginas desse livro, que o tempo e o esforço empregados no desenvolvimento de alguma forma de planejamento pode realmente contribuir para aumentar a competitividade do empreendedor brasileiro.

Etapas de Planejamento: O Projeto Pipoca

O ambiente empresarial é sempre de incerteza, mas quando tratamos de novos negócios, isso fica bem mais nítido. Para demonstrar o conceito de planejamento, vamos considerar uma iniciativa empresarial das mais simples: montar uma barraca de pipocas na porta do cinema. Cada etapa do projeto vai requerer um questionamento aberto, pois a falta de dados históricos implica inventar premissas e criar hipóteses para reduzir o risco. Comecemos pelo tamanho da operação, a escala de negócios.

Escala significa tamanho, função do volume que se pretende vender. Vamos começar, portanto, pelos cenários de volume, ou seja, pela quantidade de sacos de pipoca que poderemos ou não vender nessa pequena operação de varejo. Onde se localiza a base de dados que podemos usar para estimar volume?

Pesquisando o registro de vendas de entrada no cinema, observamos que a média de expectadores ao longo da semana se comporta de forma mais ou menos estável durante todo o mês. Começando pela segunda-feira, temos a seguinte freqüência: 200, 250, 400, 480, 600, 800, 1200.

Sabemos, portanto, que o domingo, com 1200 pessoas, é o dia de maior freqüência. Esse volume máximo de expectadores vai determinar a provável escala de produção de pipocas e, conseqüentemente, o tamanho do equipamento a ser usado no local.

Todavia, ainda falta conhecer a relação de consumo pessoa/pipoca nesse local. Não sabemos se existe uma correlação entre o número de pessoas interessadas no filme e a demanda dessas mesmas pessoas pelo produto pipoca.

Imaginando que 90% dos expectadores consumam pipoca, ainda assim existe a variável preço, um ponto que requer um estudo mais cuidadoso. Uma lei básica da economia menciona qualquer coisa a respeito de elasticidade/preço, ou seja, se sobe o preço, cai a procura; se o preço cai, sobe a quantidade demandada. Essa moldura econômica inclui e afeta quase todas as mercadorias e serviços e sabemos que a nossa pipoca está perfeitamente enquadrada nela. Em outras palavras, essa predisposição de consumir pipocas pode ser afetada pelo nível de preço adotado.

Assim sendo, devemos projetar o quanto é possível vender (quantidade de sacos de pipoca) em cada patamar de preço. Depois disso, podemos avaliar o efeito de promoções do tipo leve três e pague dois, por exemplo. Com o resultado desse exercício, já teremos uma idéia da viabilidade do negócio.

Uma pergunta básica se segue: onde, exatamente, vai se situar nossa barraca de pipocas? O dono do cinema concorda em designar um local dentro do hall de entrada, em troca de uma porcentagem das vendas? Existe alternativa?

Podemos ainda imaginar que uma oferta paralela de água e refrigerantes poderá ser necessária para induzir o consumo de pipocas. Neste caso, o investimento requerido sobe bastante.

A inclusão da bebida no projeto cria mais oportunidades de faturamento, mas levanta algumas questões logísticas: temos como adquirir, transportar, estocar, resfriar e vender latas e copos de refrigerantes e água? A propósito, as cadeiras dentro do cinema possuem um ponto de apoio para os copos?

Já que estamos pensando no composto de vendas, será que faz sentido montar uma vitrine para expor chocolates e outras guloseimas no caminho de entrada das pessoas? Qual seria o ponto de equilíbrio econômico dessa operação derivada?

Ainda na montagem dos cenários de venda, teremos várias outras perguntas operacionais: A pessoa que lida com a produção de pipocas pode também entregar e cobrar pelas bebidas e chocolates? Quantas operações de venda pode uma pessoa fazer por minuto? Quantas pessoas são necessárias para vender 300 sacos de pipoca no intervalo médio de 15 minutos que antecede a entrada das pessoas no cinema? Essas pessoas ficariam ociosas durante a exibição dos filmes? Quanto custará essa mão-de-obra?

Todo o projeto precisa ainda de uma revisão legal, visando sua proteção institucional. Mesmo uma barraca de pipocas precisa de alguma forma de proteção contratual, tendo em vista a possibilidade do dono do cinema decidir investir pessoalmente no negócio, uma vez que o teste inicial (nosso risco) tenha dado certo.

Existem, como se pode ver, inúmeros cenários de investimento, risco e retorno para o nosso pequeno negócio de pipocas. Em resumo, podemos contemplar três atitudes empresariais:

a) Seguir em frente, comprar qualquer equipamento, começar a vender pipocas na porta do cinema e pensar depois.

b) Criar uma planilha de modelagem do negócio e testar na tela ou no papel centenas de hipóteses ao longo de várias semanas.

c) Pesquisar mercado e concorrência (no caso, na cidade vizinha), criar uma planilha com as hipóteses acima, projetar relações de causa/efeito, escolher um cenário de volumes e preços, propor um contrato ao dono do cinema, comprar a máquina, prosseguir com a operação e acompanhar o comportamento real dos consumidores.

Tudo indica que a terceira alternativa faz mais sentido, pois minimiza o risco enquanto captura mais informação para ajustar o rumo das operações.

Conclusão

Tanto no universo do marketing de pipocas (de baixo investimento) quanto em um empreendimento de grande porte (com investimento inicial acima de R$ 100 milhões), o roteiro básico de planejamento e modelagem é conceitualmente semelhante.

É lógico que, no caso de um empreendimento de grande porte, a etapa de pesquisa seria maior, o detalhamento do projeto seria mais complexo e os dados envolvidos na modelagem seriam em número muitíssimo maior. O bom senso é que vai indicar a quantidade proporcional de tempo e esforço adequados para cada etapa.

> *Tendo chegado até aqui, já podemos responder à pergunta do título:*
>
> *Todo empreendedor precisa de planejamento, estratégia e modelagem, se quiser alcançar o melhor resultado com o menor risco.*

2

CONCEITO DE
VALOR E MARCA

Qualquer abordagem de estratégia empresarial precisa passar pela definição de alguns conceitos, sendo valor e marca os dois mais próximos ao cliente.

Embora essas palavras sejam bem conhecidas, seu significado não é o mesmo na cabeça das pessoas. Além das palavras em si não terem um sentido comum para todos, o uso prático dos conceitos de valor e marca na gestão empresarial ainda é objeto de muita controvérsia, normalmente temperada com muita vaidade, tudo sob um manto de insegurança e nebulosidade intelectual.

Mas isso não nos importa nesse instante. Queremos investigar e compreender como podemos fazer para construir, integrar, colocar no mercado e gerar lucro com valor e marca. Essa compreensão não deve ser exclusiva da diretoria da empresa, pois cada empregado precisa identificar seu lugar na cadeia de valor.

Cada pessoa na empresa, dirigente ou assalariado, precisa desenvolver métodos e caminhos para aperfeiçoar processos, reduzir custos e aumentar o valor que agrega aos produtos e serviços que a empresa coloca no mercado.

Como valor e marca são elementos construídos pela empresa e entregues ao mercado, teremos que começar aqui relembrando um pouco as definições já conhecidas. Comecemos pelo mais fácil:

> *Mercado é o conjunto de agentes econômicos, possíveis clientes que, em dado momento, habitam o universo estratégico de uma empresa. Universo estratégico pode ser uma região, um continente, todo um segmento profissional (dentistas, advogados, etc.), toda uma faixa etária ou um conjunto específico de empresas (todas as empresas que fabricam ou compram autopeças, por exemplo).*

No capítulo de *Planejamento Estratégico de Marketing* percorreremos mais amplamente esse universo, dividindo-o em mercado total, mercado disponível e mercado alvo.

Tratemos agora de compreender valor. Embora a geração de valor normalmente pressuponha a existência de algum investimento empresarial, a noção de valor não se explica por aí. A intangibilidade do conceito, especialmente no contexto de gestão estratégica, requer exemplos que possam ser relembrados e correlacionados.

Para abordar o aspecto intangível de valor, teremos que recorrer a uma pequena "lenda" que alguém bolou para ilustrar uma aula de administração.

Reza a lenda que a primeira utilização dos princípios básicos de administração ocorreu no interior de uma caverna soterrada por uma avalanche há milhares de anos atrás. Os homens que haviam saído para caçar foram forçados a se abrigar nessa caverna para fugir da tempestade e ficaram presos nela quando ocorreu a avalanche e as pedras rolaram do alto da montanha, bloqueando a entrada.

Algumas horas e muitas tentativas de empurrar as pedras para fora da caverna se passaram até que os homens, exauridos, pararam para descansar. Um dos homens, que logo havia percebido ser impossível a tarefa, deu alguns passos atrás e notou que uma grande pedra, talvez a maior de todas, parecia ser a base de sustentação daquele amontoado que obstruía a entrada da caverna.

Claro que ele não tinha certeza, foi uma intuição, apenas. Esse homem decidiu então apostar nessa suposição e, imediatamente, gritou para que todos se reunissem em torno da grande pedra, mais exatamente do lado direito dela, mais exposto.

Com gritos e gestos, organizou o grupo e coordenou o esforço de empurrar a pedra. Com todos os homens juntos empurrando e girando a pedra em torno de seu eixo para dentro da caverna, formou-se uma pequena avalanche com as pedras rolando agora para o interior da caverna. Houve um momento de pânico e incerteza, mas, quando a poeira baixou, notou-se uma fresta de luz no topo da entrada da caverna.

Alguém subiu ate lá e, sem muito esforço, empurrou as poucas e pequenas pedras que sobraram no alto da pilha, abrindo espaço para passar uma pessoa. Dessa forma, os homens puderam sair e todos se salvaram. Esse episódio fictício, situado na pré-história, ilustra muito bem alguns conceitos básicos e bem atuais de administração.

Comecemos com valor. Todo o trabalho, todo o esforço dos homens durante horas não havia surtido qualquer efeito positivo. Foi preciso introduzir uma forma de **planejar, organizar, dirigir, coordenar** e **controlar** os mesmos recursos e os mesmos esforços para que se obtivesse sucesso, para que o resultado do tempo e do esforço empregado se traduzisse em valor.

Mesmo sem investimento incremental (algo como um trator, por exemplo) obteve-se um resultado positivo, muito superior ao que se havia conseguido até então. Pode-se dizer, portanto, que o **processo de trabalho** empregado para desobstruir a caverna gerou valor.

Podemos, portanto, com base no exemplo acima, criar uma definição para valor, pelo menos no contexto da gestão empresarial:

> *Valor é um resultado positivo e percebido da aplicação de um processo de trabalho administrado.*

Se foi administrado (e não aleatório), esse processo pode ser repetido e, portanto tem valor intrínseco, assim como uma fórmula. No exemplo citado, houve um acidente incomum e uma reação específica, que talvez não pudesse ser repetida em seu formato 100% exato. Todavia, no mundo...

No mundo atual, procura-se prever acidentes e desenvolver planos de reação administrada. Seja nos aeroportos, seja nas fábricas, seja nas instalações militares, o processo de reagir a um evento imprevisto pode ser 80%, ou mais, pré-desenhado.

Voltando ao valor intrínseco de um processo de trabalho, no caso fictício da caverna narrado aqui a percepção de valor (vidas foram salvas) foi fácil e instantânea, o que nos leva a uma outra conclusão a respeito do conceito de valor:

> *Quanto mais facilmente percebido é o valor gerado, mais facilmente se vende a idéia, o produto ou o processo que o gera.*

O contrario é igualmente verdadeiro:

> *Se o vendedor do produto ou serviço não consegue claramente demonstrar o valor oferecido, o preço vai sempre parecer alto ou o produto/serviço supérfluo.*

No contexto empresarial, a geração de valor pode ser baseada em um processo científico (uma nova formula química, um chip de computador mais veloz ou uma bebida mais saborosa, por exemplo), ou um processo gerencial (supermercado, banco, etc.), ou ainda em uma combinação dessas duas coisas com o apoio de uma massa significativa de capital, como no caso de uma fábrica de motores ou uma petroquímica.

Uma fórmula para produzir um remédio importante tem valor porque o preço de mercado do produto final será muito mais alto que o somatório de insumos utilizados na produção. Todavia, houve aqui um investimento pesado, que precisa ser amortizado em vários anos de comercialização do produto. Se isso não ocorrer, todo o dinheiro e esforço colocados na pesquisa não será recuperado. Esse desafio requer um plano e uma execução empresarial.

O mesmo desafio, gerar lucro, é enfrentado pelas empresas que dominam os processos tecnológicos de criar aço, cerveja, software, mortadela e camiseta. Embora o processo em si contenha valor, há que investir, produzir e vender muito antes de recuperar o investimento. Ao longo da cadeia de montagem da escala empresarial de produção, marketing e venda, pode ocorrer uma destruição do valor embutido no processo tecnológico.

Como pode essa destruição ocorrer? Talvez por errar no tamanho da fábrica, não conseguir comprar os melhores insumos ou simplesmente não entender as preferências dos clientes, o negócio pode falir.

Fica claro aqui que não basta criar uma fórmula milagrosa ou inventar uma máquina fantástica. O valor inicialmente obtido na prancheta do engenheiro pode não resultar em ganho final, por falta de gestão. Concluímos, portanto, que:

> **Gestão é um processo que pode agregar ou destruir valor.**

Processos e ativos nada valem e nada criam sem as pessoas certas. E, havendo as pessoas certas, ainda assim temos de assegurar que elas tenham treinamento para criar valor e um ambiente de comunicação para assegurar sintonia interpessoal e eficiência coletiva.

Treinamento e comunicação são elementos cada vez mais críticos no processo de gestão. Na busca pela competitividade em que se envolvem hoje todas as empresas, a condução inteligente de equipes é cada vez mais um fator indiscutível de sucesso, ainda que intangível.

A Comunicação de Valor via Marca

Comunicar valor ao mercado é o maior desafio do marketing e não se resume a criar anúncios de publicidade. Requer estratégia, requer formatos distintos para cada atividade.

Vamos citar o caso real, ainda que não paralelo no tempo, de duas equipes de pediatras na cidade de São Paulo. Uma delas (A) se instalou na beira de uma rua movimentada de um bairro central da cidade e colocou um nome na fachada.

A outra (B) passou a integrar um segmento terceirizado de um hospital, funcionando discretamente dentro do prédio do hospital. As duas equipes tinham mais ou menos o mesmo nível de competência e trabalhavam muito, sete dias por semana, 24 horas por dia.

Ao final de vários anos, a equipe A tinha um patrimônio intangível, chamado marca. Essa marca poderia ser e foi transferida (copiada) para outro local físico, gerando imediatamente receita adicional. O patrimônio intangível foi assim convertido em receita, dinheiro no banco.

A equipe B tinha seu conceito reconhecido no segmento hospitalar e poderia se transferir física e contratualmente para qualquer outro hospital. Todavia, embora essa transferência fosse sempre possível, jamais geraria muita receita incremental. Eram médicos reconhecidamente competentes, mas não havia um modo de duplicar sua presença. Não haviam construído marca.

Concluímos, portanto, que:

> **Marca é um símbolo que pode ser copiado e multiplicado, transferindo a percepção de valor no tempo e no espaço.**

Para citar um outro exemplo, mundialmente conhecido, um farmacêutico chamado John Pemberton criou, em 1886, uma fórmula de bebida refrigerante, na cidade de Atlanta, Estados Unidos.

CAPÍTULO 2 – CONCEITO DE VALOR E MARCA | 19

No primeiro ano, John perdeu dinheiro, pois vendia menos de 10 copos por dia no balcão de sua loja. A empresa cresceu muito nas décadas seguintes, mas apenas quando o conceito de franquia (engarrafamento por terceiros) foi criado que a empresa realmente se expandiu.

Essa transferência territorial da marca e do processo de produção gerou receita incremental para reinvestir na própria marca, criando uma rede mundial de parceiros que engarrafam e distribuem a bebida. Todos usam a marca sob licença, embora operem sob suas próprias razões sociais. Essa empresa, ainda baseada em Atlanta, tem hoje valor de bolsa (total de suas ações) no mesmo nível aproximado de todas as empresas negociadas na Bolsa de São Paulo, cerca de US$ 400 bilhões. Ela é conhecida como Coca-Cola.

Se a Coca-Cola de 1886 tivesse se mantido no mesmo local, sob um único dono, vendendo a bebida em copos, dificilmente teria chegado a vender muito mais que 1000 copos por dia. Este número já teria sido considerado um estrondoso sucesso, claro, tendo em vista o investimento inicial. Muita gente teria dito: em time que está ganhando não se mexe.

Temos no Brasil um exemplo menor, mais recente e talvez mais educativo, do conceito de franquia. Em 1977, dois farmacêuticos também iniciaram um pequeno negócio de varejo de perfumes que cresceu e hoje tem mais de dois mil pontos de venda, inclusive fora do Brasil.

Essa empresa poderia ter ficado em Curitiba, onde nasceu, mas a alavancagem proporcionada pelo desenvolvimento da marca fez toda a diferença. Chama-se Boticário e tem potencial de crescimento mundial nos próximos 100 anos, especialmente se souberem capitalizar a marca Brasil lá fora.

O conceito de marca é a base do negócio de franquia, onde a multiplicação territorial é fundamental para capturar cada vez mais margem. Dessa forma, a escala de produção reduz custos e sobra cada vez mais dinheiro para fomentar rapidamente o desenvolvimento da marca, gerando ganho econômico real para todos os parceiros envolvidos.

Além da estratégia de franquia, que leva uma pequena empresa a se tornar grande, o conceito de marca pode ser aplicado também como ferramenta estratégica para diferenciar produtos de uma empresa e posicioná-los no mercado em trilhas paralelas ou nichos diferenciados.

Se uma empresa tem forte penetração no mercado com um produto e uma marca, deve tratar de posicionar essa marca claramente em um patamar elevado (de qualidade, serviço e preço) e, assim, abrir espaço para criar outro produto menos sofisticado, com outra marca, mais barato, talvez em canal específico.

Se isso não for feito de maneira planejada e estratégica, mais adiante será provavelmente feito em reação a um concorrente hostil, mas com perda de liderança e lucratividade. Tirar alguém que está sentado em uma cadeira é sempre mais difícil que ocupar antes essa cadeira. Criar barreiras de entrada costuma ser mais barato que desalojar o intruso.

Muitas vezes vale a pena investir no fortalecimento de uma marca, cercando-a com outros produtos de apoio, que tenham espaço na prateleira do cliente, mesmo sem margem significante. Isso vai evitar que um concorrente use essa brecha para se posicionar.

Nossa recente observação do mercado constatou uma falha de estratégia desse tipo em uma média empresa paulista que fabrica produtos vendidos em farmácia. Fundada por um técnico criativo e dedicado, há muitos anos, a empresa é líder de mercado em todo o Brasil. Sua marca é conhecida e respeitada pelos distribuidores, mas não é conhecida pelos consumidores que vão às compras na farmácia.

Seus produtos possuem modelos distintos, lançados sem uma estratégia de diferenciação, seja de qualidade, seja de preço, seja de canal de vendas. Chegaram a pagar caro por um nome da TV para lançar um dos produtos, mas não sabem dizer se isso deu certo. Em suma, a empresa sabe produzir e faz isso muito bem há muitos anos. O talentoso fundador conseguiu verticalizar a produção com sucesso e não depende de terceiros. Esse é o lado interno da empresa.

No mundo cá fora, o volume de vendas vem caindo há três anos, sem muita explicação. Um concorrente está lentamente ocupando espaço no mercado com um produto de qualidade claramente inferior e a empresa não tem uma estratégia de contra-ataque.

Esse é um caso da vida real, através do qual se nota claramente que o **respeito aos métodos do passado é maior que a percepção do perigo futuro.** Essa perigosa contradição é mais freqüente do que se imagina no segmento das pequenas e médias empresas.

No futuro, vai ficar cada vez mais claro que não basta ter um bom produto, é preciso ter estratégia e construir marca. A tendência internacional aponta para o conceito de que estratégico é o mercado, não o produto ou seu processo de fabricação. Isso se terceiriza, compra-se fora, treina-se alguém para fazer. Importante é a posição no mercado, na cabeça dos clientes. Isso não se terceiriza, é estratégico.

No mercado de serviços, especialmente entre profissionais liberais (arquitetos, médicos, advogados, etc.), pensa-se que o conceito de marca é de mais difícil aplicação. Afinal, colocar rótulo em uma pessoa não parece possível. No caso de arquiteto, por exemplo, podemos imaginar que um domínio na internet possa contribuir para gerar recall, que significa lembrança. No ambiente médico, claro está que o conhecimento não se transfere facilmente, mas a criação de uma pessoa jurídica e uma marca é o caminho para perenizar o negócio. Pelo que sabemos, a clínica do Dr. Pitanguy (www.pitanguy.com.br) emprega dezenas de pessoas, algumas treinadas pelo próprio Dr. Pitanguy, outras mais jovens já treinadas por aquelas. A fama do cirurgião plástico mais conhecido do Brasil, talvez do mundo, foi transferida para uma marca e isso continua gerando prestígio e receita. O Brasil ganha quando uma marca brasileira tem alcance internacional.

A mesma coisa acontece com advogados. Existe um escritório em São Paulo cujo nome principal (marca de prestígio) pertence a um sócio que já morreu, mas essa marca continua capturando clientes.

Como desenvolver uma marca e ganhar dinheiro com isso? Hoje em dia, com a internet, criar uma marca (domínio) para apoiar o desenvolvimento dos negócios é mais fácil, mas ainda existe muita ignorância a esse respeito fora dos grandes centros. Um website custa pouco e normalmente se paga várias vezes, se for construído dentro de uma moldura estratégica de comunicação. Todavia, antes de chamar aquele jovem talentoso conhecido da família, é importante definir uma estratégia de comunicação com clientes, distribuidores, fornecedores, funcionários e parceiros. Mudar a cultura dos vendedores e representantes, por exemplo, vai levar pelo menos cem vezes mais tempo do que construir um site, mas isso tem que ser começado algum dia.

Para levar o site ao cliente, ou vice-versa, há que se introduzir elementos novos na comunicação, não basta dizer que agora temos um site. Se nada houver a ganhar, o cliente vai ignorar o site, simplesmente. Por que não introduzir, por exemplo, uma pesquisa de satisfação via internet? Na primeira vez vai dar trabalho, vai exigir um incentivo aos clientes que responderem, mas será uma ótima oportunidade para fixar a marca e gerar lealdade.

Em resumo, construir uma marca não é privilégio de grandes empresas. Pequenas e médias podem e devem começar esse processo, seja para um produto, um serviço ou para a empresa como um todo.

A comunicação de valor, para que possa se traduzir em lucratividade, precisa passar pela estratégia de marca. Qualquer investimento em marca, se feito dentro de uma moldura estratégica, sem desperdício de dinheiro, vai valorizar a empresa e seu capital investido, em qualquer análise internacional de investimento, conforme veremos mais adiante.

3

PLANEJAMENTO ESTRATÉGICO DE MARKETING

Para que possamos evoluir nesse capítulo faz-se necessário aprofundar nossa discussão a respeito do que é marketing.

Abaixo a definição extraída do Guia de Gestão Estratégica:

- **Marketing** - Embora uma palavra do dia-a-dia, conhecida por todos, resolvemos inserir o termo aqui para melhor explicar sua abrangência e sua importância para o desenvolvimento da gestão estratégica. Comecemos definindo o que não é marketing. Publicidade não é marketing, assim como seu nariz não é você. As empresas de publicidade se apresentam como sendo de marketing, quando aquilo que fazem é apenas um pequeno pedaço (o mais exposto, talvez) do marketing. As empresas de call center dizem que fazem telemarketing, quando na realidade fazem exatamente prospecção ou telefonia de suporte, seja na venda, seja no atendimento de consultas. Gerente de Marketing costuma ser o título da pessoa encarregada de enviar para a agência de publicidade o texto que se deseja divulgar. Assistente de Marketing é a pessoa que desenha folhetos, que solicita cotações de preço de anúncio, etc. Tudo isso ajuda a confundir e esconder o tamanho da função Marketing na empresa, seja ela pequena, média ou grande. No contexto empresarial, a melhor definição de marketing seria:

Marketing é o próprio negócio, do ponto de vista do cliente.

Tudo aquilo que a empresa deixa o cliente perceber é marketing. A limpeza do banheiro de um restaurante é marketing. A qualidade da toalha no banheiro do hotel é marketing. O tipo de couro usado em um modelo de sapato é marketing. A maneira como dirige o motorista do caminhão pintado com as cores da empresa faz parte do marketing. A voz da telefonista que atende ao telefone da fábrica é marketing. O tamanho da fileira de produtos na gôndola do supermercado é marketing. O tamanho da loja que vende o produto da empresa é marketing. O desconto aplicado pelo representante do Piauí é marketing. O gosto mais azedo da balinha que a criança rejeita (mas adultos apreciam) é marketing. O tamanho do saco de arroz ou do frasco de detergente vendido no supermercado é marketing. A escolha de vender via loja de conveniência, loja de shopping, supermercado ou por venda direta faz parte da estratégia de marketing. A estratégia de preço e a política de crédito são partes fundamentais do marketing. Tudo aquilo que o cliente percebe faz parte do marketing. Muito daquilo que o cliente nem percebe diretamente (inserido de alguma forma no produto que consome) é marketing também. A posição do produto na gôndola ou na vitrine, o revestimento interno da embalagem que conserva o produto e a qualidade do rolamento incluído no motor fazem parte do custo e do marketing do produto.

Existe um conjunto de variáveis chamado de **marketing mix**, os famosos **quatro p´s**, que foram criados na década de 60 por Jerome McCarthy:

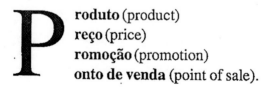

Produto (product)
reço (price)
romoção (promotion)
onto de venda (point of sale).

Produto aqui inclui o pacote de elementos que vai satisfazer às necessidades do cliente. Preço é o elemento da estratégia de marketing que interage com finanças, visando à recuperação do valor investido no produto. A variável promoção inclui propaganda (advertising), promoção de vendas, publicidade (comunicação noticiosa), relações públicas, sponsoring (patrocínio), marketing direto (direct mail e telemarketing). A variável ponto de venda requer a análise de fatores como estrutura de canais de distribuição, tipo de distribuição, merchandising (ações de marketing no ponto de venda), logística de distribuição e de estoques, e gestão da força de vendas.

Podemos dividir o planejamento estratégico de marketing em três etapas:

Figura 3.1 - Etapas do PEM.

Essas etapas são simultâneas e interativas, de modo que o resultado de uma influencia e altera imediatamente o andamento da outra. A seguir discorremos a respeito da etapa inicial (possivelmente a mais penosa, até porque nunca termina...) e esclarecemos melhor a respeito do que significa foco e estratégia. A etapa 3, que trata de quantificar, avaliar viabilidade e massagear os números (modelagem financeira), é bem explicada nos capítulos 6 e 8.

Avaliando Entorno e Mercado

A percepção do entorno (ambiente externo) não é igual para todos, pois **a capacidade de perceber vai definir aquilo que é percebido.** As pessoas possuem olhos (filtros visuais) diferentes, resultado de vidas diferentes. Da mesma forma, duas empresas, assim como duas pessoas, não enxergam o mesmo ambiente.

Para enxergar o entorno, olhamos para fora, além do horizonte operacional, até o horizonte estratégico. Para inverter a perspectiva e enxergar a empresa, precisamos de uma visão isenta, desvencilhada do passado e do momento, uma visão adiante. As empresas, assim como as pessoas, dificilmente se percebem. É comum uma diretoria oferecer boas explicações para todos os erros cometidos no passado. Isso ocupa espaço emocional e nada acrescenta. Empresas, assim como pessoas, precisam seguir em frente. As explicações do passado não precisam justificar os desacertos encontrados no presente ou a perpetuação desses desacertos no cenário futuro.

O processo de planejamento é um processo de ajuste com a realidade, não uma tentativa de justificar os desajustes, os acidentes de percurso.

Tampouco importa o percurso que a empresa já percorreu, longo ou curto. Com 100 dias ou 100 anos, toda empresa tem pontos fortes e fracos. Embora se julgue que uma empresa com 20 anos seja mais forte que outra de igual tamanho com 2 anos, a posição estática em qualquer momento é menos relevante que a velocidade e a tendência.

Pode ser que uma empresa mais velha tenha mais credibilidade, mas isso pode significar menos que a velocidade e a tendência de uma outra mais jovem.

O ponto não é relevante, mas sim a tendência e a velocidade.

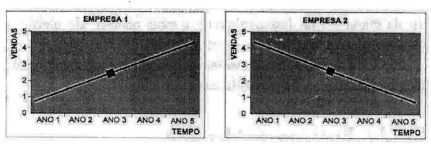

Figura 3.2 - Velocidade e Tendência.

Velocidade aqui significa captura incremental de mercado por cada período de tempo, enquanto que tendência aqui se refere ao crescimento do mercado onde ela opera e, possivelmente, ao alinhamento estratégico (direção do mercado versus direção da empresa no mercado) da empresa. Mesmo considerando duas empresas, A e B, de igual porte e com igual crescimento de vendas em dado período, a empresa B pode estar mais bem posicionada estrategicamente que sua concorrente A, se o seu faturamento incremental vier de clientes e nichos mais dinâmicos e mais promissores. Não basta vender, é preciso se manter posicionado na direção certa. Mesmo com vendas em crescimento, é importante perguntar de onde está vindo o volume incremental, pois seus concorrentes podem estar favorecendo você por algum tempo ao redirecionar seus planos e abandonar o seu nicho de mercado, talvez por terem percebido algo ruim mais adiante. Preste atenção e veja se o seu barco não está rumando para as pedras.

De modo geral, toda empresa, grande ou pequena, jovem ou velha, tem elementos robustos que favorecem seu avanço e outros frágeis, atrofiados ou enfermos. Assim como em qualquer corpo vital, essas deficiências geram reações ineficientes, uma falta de urgência tempestiva.

Que significa urgência tempestiva? Um criador de vacas de quem ouvi falar, na virada do século dezenove, usava uma expressão que melhor incorpora o conceito de urgência tempestiva: "Por falta de um grito, se perde uma boiada". Hoje em dia, com o mesmo sentido, podemos dizer: por falta de um e-mail, se perde um contato ou um contrato.

Voltando à nossa imagem marítima, administrar reações de forma inadequada normalmente é um problema melhor percebido do lado de fora, algo como o rumo e a velocidade do barco do ponto de vista de um expectador em terra. Dentro da empresa, as pessoas às vezes se ocupam por muito tempo na casa de máquinas e descuidam do avanço externo. O movimento endógeno (interno) pode não favorecer o movimento estratégico (externo). Em outras palavras, essa movimentação laboriosa das formiguinhas dentro do formigueiro nem sempre é produtiva e nem sempre gera valor aqui fora.

Para que o leitor não imagine que essa teoria é uma peça de ficção intelectual, podemos citar, como um de muitos exemplos, o caso de uma fábrica onde o esforço dedicado de dezenas de pessoas, dia após dia, não gerava resultado, não se traduzia em lucro.

Nosso trabalho de consultoria apurou que o diretor de vendas, contratado há 18 meses, obviamente pressionado para vender, havia aceitado muitos pedidos errados, vendido muitos itens errados e aplicado muitos preços errados. A fábrica trabalhava a todo vapor, buscando soluções para atender ao volume crescente de pequenos lotes encomendados com especificações diversas. As pessoas da fábrica não tinham percepção do resultado de seu trabalho. Aliás, ninguém tinha.

Foi feito um cruzamento do histórico de custos e estoques com o histórico de vendas/clientes ao longo de 18 meses e ficou claro que as metas de vendas haviam sido mensalmente atingidas, ou seja, o orçamento de vendas em R$ mês após mês foi cumprido, as comissões foram pagas, etc.

Todavia, a qualidade das vendas (clientes, itens, especificações, quantidades, custos e preços) não permitiu margem e a empresa estava a ponto de quebrar. Um dos maiores clientes, um distribuidor amigo, gerava prejuízo, a tal ponto que propusemos, em um momento de humor negro, que o cliente deveria ser solicitado a nos abandonar, até valeria a pena lhe pagar alguma coisa por isso.

Estamos falando de um caso real no ramo metalúrgico, em São Paulo. As informações usadas neste processo de análise do mix de vendas estavam disponíveis dentro da empresa todo o tempo, algumas figuravam claramente em relatórios-padrão enviados trimestralmente para a matriz. Faltou uma percepção estratégica dos dados disponíveis, apenas isso.

Voltando à questão do diagnóstico estratégico, uma visão isenta das fraquezas da empresa é quase impossível, requer ajuda, esbarra no emocional, machuca o ego dos diretores. Empresas, assim como pessoas, não conseguem se criticar. Empresas, assim como pessoas, precisam do ponto de vista do observador externo, precisam de um diagnóstico honesto e talvez de alguns remédios desagradáveis.

A implantação de um processo de planejamento estratégico pode ser um remédio desagradável, especialmente quando obriga um diretor a revelar **o que** pretende fazer para aumentar vendas, **como** pretende atingir metas, **onde** está sua planilha de resultado projetado por cliente, por produto ou por segmento, **quem** vai ajudar na nova pesquisa, **por que** planeja investir aqui ou acolá, **aonde** pretende chegar com seu novo projeto, etc.

Outro remédio desagradável pode ser a simples tentativa de fixar projetos prioritários na empresa. Quanto mais familiar ou informal for o ambiente interno, mais difícil será definir o que deve ser feito primeiro, por quem, como, e até quando.

PROJETO - Formato básico

QUE / COMO	QUEM	QUANDO					
		M1	M2	M3	M4	M5	M6
Descrição do Passo 1	Fulano						
Descrição do Passo 2	Mengano						
Descrição do Passo 3	Ciclano						

Figura 3.3 – Projeto.

A discussão do **o que** já vai criar muita confusão e paralisar a empresa com centenas de horas de reunião, depois todo mundo vai querer figurar no campo **quem**, sem aceitar responsabilidade pelo campo **quando**, até porque o campo **como** será um território de nebulosidade e incerteza a justificar todos os fracassos.

Novamente olhando para fora, avaliar o entorno inclui registrar as variáveis ambientais, compreender onde está o mercado total da empresa e de que forma esse mercado, talvez apenas um nicho, está inserido no ambiente. Qual o seu tamanho? Está isolado ou conectado a outros? Ele está em movimento? Em que direção se move? Com que velocidade? Quais são os perigos que o cercam? Quais são as barreiras?

Figura 3.4 - Análise 360º.

Claro que essa avaliação factual do ambiente precisa ser rápida, esse processo de análise ambiental de 360 graus não serve apenas para aprender e nem pretendemos aprender tudo. Como empresa, precisamos sobreviver, e o nosso propósito aqui é identificar os pontos de viabilidade, as rampas de acesso, os links de acoplagem entre as riquezas externas e os apetites internos, entre as oportunidades que o mercado oferece e as capacidades presentes (ou ausentes) na estrutura da empresa. Podemos tentar capturar esse mercado ou um pedaço dele? Temos o que precisa?

O processo de analisar o entorno para criar uma estratégia de marketing inclui os diversos setores do ambiente onde se localizam as operações da empresa (não somente sua sede administrativa) e o objetivo aqui é percorrer uma lista de verificação (checklist) de tudo o que pode afetar, positiva ou negativamente, os planos de negócio de sua empresa:

Etapas de Análise do Entorno

1- Mudanças na Sociedade

Mudança de valores, gostos e prioridades dos clientes.

Mutações urbanas, novos níveis de pobreza, novos bairros, novos transportes, novos acessos.

Composição das faixas etárias e dos comportamentos etários em constante mutação.

2- Mudanças Governamentais

Nova legislação de impostos, novo código civil, incentivos regionais, nova distribuição de verbas, poderes e prioridades nas três esferas de governo.

3- Mudanças Econômicas

Taxas (selic) de juros e spread bancário subindo ou descendo, patamar do US$, instabilidade do câmbio, queda da renda disponível (?) das pessoas, expansão empresarial no campo, contração industrial na cidade, agro-exportação em alta, importação competitiva em alguns setores, comércio internacional com cenários indefinidos.

4- Mudanças na Competição

Adoção de novas tecnologias, novas embalagens, novos modelos de distribuição, concorrentes mais agressivos, concorrentes maiores, novos concorrentes, mudanças de preços, produtos mais baratos, produtos importados com dumping.

5- Mudanças nos Fornecedores

Mudanças nos custos de entrada, mudanças em suprimentos (formato e tecnologia), oligopólios em formação, barreiras de importação, logística mais complicada, escassez sazonal, maior custo de estoques.

6- Mudanças no Mercado

Transferência de renda, novos consumidores, empobrecimento do consumo, novas necessidades, novas opções, novos nichos, novos obsoletos.

Depois dessa revisão exógena (externa) do ambiente de operação da empresa, faz-se necessário relacionar os fatores condicionantes (causas) e identificar os projetos e orçamentos da empresa que serão afetados (efeitos).

Por exemplo, ao rever o item 1 (**Mudanças na Sociedade**), constatamos que algumas tendências populacionais são muito visíveis no Brasil de hoje. Se a sua empresa fabrica itens de alimentação ou produtos de cozinha, é preciso estar atento para a quantidade crescente de pessoas solteiras e pessoas mais velhas que não querem cozinhar.

No item 2 (**Mudanças Governamentais**), temos a ação do governo, sempre aumentando impostos. Se a sua empresa vai ser afetada no próximo ano por algum aumento de impostos, é preciso rever o cenário de planejamento tributário, talvez modificando o formato da distribuição. Quem vende produtos importados, por exemplo, precisa estar atento para as opções logísticas existentes na costa do Brasil. Talvez seja o caso de se criar uma outra empresa para cuidar da logística, por exemplo.

No item 3 (**Mudanças Econômicas**), lembramos da queda de renda per capita que ocorreu no Brasil nos últimos cinco anos e que certamente afetou seu negócio. Suas embalagens, por exemplo, precisam facilitar compras de menor valor, talvez com menos quantidade ou menos luxo.

O item 4 (**Mudanças na Competição**) é muito amplo, pois lida com mudanças tecnológicas, posicionamento da concorrência e estratégias de preço. Falando apenas de preço, devemos lembrar que o clima de alta inflação se foi em 1994 e muitas empresas ainda não se acostumaram com a necessidade de desenvolver uma estratégia de preços. Estamos falando de um quadro complexo onde a performance do cliente, os custos logísticos e a própria estratégia de mercado devem integrar o modelo de precificação.

Falando mais claramente, o cliente A não precisa nem deve pagar o mesmo preço que o cliente B, se esse último compra menos, dá mais trabalho e custa mais caro para vender. Uma composição de preços que leve essas características em consideração (com incentivos ao longo do tempo e descontos proporcionais, por exemplo) poderia ser mais vantajosa para a empresa.

O item 5 (**Mudanças nos Fornecedores**) aponta para o desenvolvimento de fornecedores, um tema muito negligenciado no Brasil. Quem compra acha que pedir desconto é a coisa mais inteligente a fazer, pouco restando. Muito se pode ganhar na busca contínua por alternativas de fornecimento, muito se pode aprender ao visitar fornecedores da concorrência, ao viajar para outros mercados, ao desenvolver uma inteligência de mercado também na ponta fornecedora. A palavra inteligência aqui significa informação, pesquisa, banco de dados.

No item 6 (**Mudanças no Mercado**), podemos eleger como tema mais crítico a distribuição. Em alguns ramos de negócio, todas as revoluções dos últimos 70 anos aconteceram nessa área. Estamos falando do ramo de comida e bebida, que envolve toda a cadeia do agronegócio, cervejas, refrigerantes, etc., sem falar do varejo em si, nas embalagens e na tecnologia de conservação que afeta a distribuição.

A definição do que vai acontecer nos próximos 70 anos na distribuição de comida e bebida pode criar concorrentes onde não existiam (caso da Coca-Cola, que reinava tranqüila até há pouco tempo, antes da revolução das embalagens) e poderá também criar mercados onde não existiam. Formatos diferentes para a distribuição de comida e bebida dependerão apenas de novas embalagens, novos meios de transportes, mais engenharia de alimentos, novos hábitos de lazer, mais renda, etc.

No futuro, a engenharia de alimentos vai nos brindar com novas formas de processar, misturar, conservar, embalar e distribuir soja, peixe, mel, castanha, agrião e diversos outros alimentos importantes para nossa dieta, mas cujo formato atual de entrega não facilita muito o consumo.

Existe uma enorme demanda reprimida, a qualquer tempo, por inúmeros itens de consumo, especialmente aqueles que se compram por impulso. Quanto mais econômica, eficiente e estratégica a distribuição, mais se venderá de qualquer coisa. Salões de cabeleireiro, aeroportos, estradas, bares, clubes e diversos outros locais de tráfego de pessoas serão cada vez mais visados para o merchandising e venda de itens de consumo ou mesmo serviços.

Mesmo itens de consumo industrial são afetados pela disponibilidade, a facilidade ou não de efetuar uma transação de compra/consumo. Quem fabrica ou distribui rolamentos industriais, por exemplo, já aprendeu que alguns itens críticos devem ficar na prateleira do comprador, em regime de consignação. Precisou, pegou, pagou.

Olhando para dentro:
onde geramos valor e onde o destruímos

O processo de análise endógena, como já comentamos antes, não é uma tarefa simples e pode requerer ajuda externa.

Cada padrão gerencial deve ser pensado em relação ao que existe na empresa, conforme a percepção de cada um. Cada avaliador, executivo ou consultor externo, deve atribuir uma nota, de zero a dez, para melhor organizar o quadro de avaliação setorial e melhor orientar as discussões. Dessa forma, a troca de percepções honestas, a crítica organizada e construtiva poderá ser melhor aproveitada por todos. Em suma, os padrões abaixo listados devem ser comparados com a realidade da empresa, surgindo daí um diagnóstico estratégico. Esse diagnóstico vai dizer se a empresa está estruturada para criar e vender valor embutido em seus produtos e serviços.

1- Marketing da Empresa

Qualidade adequada e comunicada; modelos e embalagens ligadas à estratégia de preços; margem e share avaliados por produto, segmento e cliente; distribuição ampla, eficiente e barata; publicidade e promoção com critério; pesquisa periódica de satisfação de clientes com resultados geridos; atendimento com registro e seguimento; força de vendas orientada; base de dados de vendas organizada e analisada; revisão mensal do planejamento de volume/escala; planejamento de marketing integrado com análise do mercado total; planejamento de volume e preço (vendas) integrado com finanças.

2- Pesquisa e Desenvolvimento

Equipe interna ou externa ligada ao marketing; engenharia ligada ao mercado e concorrência; relacionamento com instituições de ensino, pesquisa e qualidade.

3- Sistema de Informações Gerenciais

Contabilidade gerencial implantada no sistema e na empresa, inteligência de mercado integrada com faturamento, chefe do CPD (CFO) participante da gestão da empresa, usuários conhecem usam e estão satisfeitos com software e hardware.

4- Time Gerencial

Equipe gerencial (todos) tem visão do mercado, capacidade de liderar, educação técnica e gerencial suficientes, motivação definida (incentivo quantificado por performance) e valores éticos adequados.

5- Operações

A cadeia operacional (planejamento, processo e controle) tem custo e qualidade avaliados e comparados com parâmetro histórico e/ou externo, aproveitamento adequado da escala de produção, giro de pessoal baixo, pesquisa de satisfação interna periódica com resultados publicados.

6- Finanças

Planejamento financeiro integrado, envolvendo marketing, fábrica, vendas, RH, suprimentos e logística; metas mensais de vendas relacionadas com metas de margem, despesa de vendas, comissões, investimentos e despesas de marketing; metas de volume relacionadas com metas de capital de giro, compras e logística; revisão mensal das metas do ano; revisão mensal da política de tesouraria (crédito, endividamento e aplicação); revisão mensal do orçamento de pessoal; revisão trimestral das contingências legais, ambientais, fiscais e de pessoal.

7- Recursos Humanos

Comitê de RH (contratação, demissão e promoção) com mínimo de três membros em funcionamento; política de remuneração e incentivo definida e aplicada; organograma publicado; descrição de cargos publicada e revista semestralmente; avaliação semestral escrita e arquivada; plano de treinamento, substituição eventual, carreira e sucessão arquivado para cada pessoa-chave; orçamento de pessoal integrado; pesquisa de satisfação periódica; benefícios avaliados periodicamente;, sistema de bônus ou participação de lucros definido e arquivado.

Ao comentar o item 1 (**Marketing da Empresa**), destacamos que toda empresa, a partir de um patamar de faturamento aproximado de US$ 1 milhão/ano deve desenvolver um setor de "market intel", onde o histórico de dados de venda, dados de mercado e clientes, dados financeiros e estudos operacionais estejam organizados em formato adequado para manipulação e análise. Estamos falando aqui de dois mercados, o de vendas e o de fornecimento. Compras e fornecedores são dados importantes para negociar a qualquer momento.

As pessoas envolvidas com planejamento, marketing, vendas, desenvolvimento de fornecedores e análise do negócio devem fornecer dados e relatórios para abastecer esse setor, tornando-se clientes do banco de dados que daí resultar. Isso pode ser abrigado de forma restrita na intranet da empresa, para acesso interno ou mesmo via internet, com acesso seguro, de qualquer lugar do mundo onde seus executivos estejam trabalhando. Não se trata aqui de contratar meia dúzia de analistas de marketing, mas sim de começar a juntar e organizar informações que poderão auxiliar no planejamento estratégico.

O item 2 (**Pesquisa e Desenvolvimento**) envolve um campo amplo e dependente da tecnologia da empresa. De qualquer forma, os dados de projetos passados devem constar desse banco de dados, que pode integrar o banco de dados geral do marketing. Se existir na empresa um orientador tecnológico, um executivo com visão interna e externa mais ampla, ele vai poder priorizar e coordenar os processos de coleta de dados e tomada de decisão.

O item 3 (**Sistema de Informações Gerenciais**) normalmente fica sob a responsabilidade do financeiro, mas o mesmo executivo acima, caso exista, poderá talvez incluir essa área gerencial sob sua direção.

Sempre é bom lembrar que computadores e sistemas são ferramentas de gestão, não devem ficar sob o domínio de técnicos que fazem dessas ferramentas o seu objetivo de carreira. Essas pessoas, mesmo bem intencionadas, requerem monitoramento para que o retorno dos investimentos em informática seja real.

Esse retorno real se dá em forma de relatórios inteligentes, relatórios que geram ação gerencial imediata. Se um relatório nunca suscita polêmica, nunca levanta problemas, nunca aponta oportunidades, nunca incomoda ou orienta ninguém, então não deve ser criado e muito menos impresso.

Sobre o item 4 (**Time Gerencial**) pouco podemos elaborar, pois os quesitos de qualificação gerencial a serem averiguados são claros. Mesmo que não existam dúvidas sobre a qualidade dos gerentes, é aconselhável conduzir um trabalho honesto e isento de avaliação 360 graus. Na realidade, essa avaliação pode fazer parte do pacote de comunicação e pesquisa que, de uma forma ou outra, deve ser implantado na intranet ou mesmo via internet.

O item 5 (**Operações**), na realidade, cobre as necessidades de planejamento e controle do negócio. Nenhuma empresa, pequena ou grande, nacional ou multinacional, possui um pacote perfeito de informações gerenciais. Quanto maior a empresa, mais difícil fica planejar e controlar a execução estratégica, os projetos de marketing, o volume de cada produto em cada canal, a margem de lucro em cada conta-chave, os investimentos em ativos e projetos, o próprio resultado da empresa como um todo. Devemos produzir menos relatórios com mais qualidade analítica, ou seja, menos números absolutos e mais índices relativos, mais medidas de evolução, mais conclusões a respeito da ação urgente que devemos tomar hoje ou daquilo que podemos pesquisar mais fundo para agir melhor amanhã. Relembramos que relatórios devem incomodar e/ou gerar ação.

No item 6 (**Finanças**), é importante ressaltar quanto à análise endógena que a função de finanças deve estar bem dividida na pequena e média empresa entre Controladoria e Tesouraria, cabendo ao controller o papel de gerir a informação contábil e financeira, e ao tesoureiro a função de administrar o fluxo de caixa e bancos. Ambos devem ser independentes, reportando ao executivo principal, com autonomia para conduzir a rotina de suas funções.

O controller deve ser avaliado pela sua contribuição gerencial, pela forma como ajuda a entender custos e definir uma estratégia de preços. Esse profissional não pode se limitar a preparar balanços e outros relatórios de praxe. Isso deixaria um hiato crítico no processo de gerir a lucratividade dos negócios.

Ao falar de **Recursos Humanos** no item 7, o nível ótimo de informação que pretendemos verificar aqui está longe da realidade da maioria das pequenas e médias empresas. Para melhor comentar, vamos abordar os pontos um a um:

Comitê de RH – Entendemos que cada oportunidade de contratação, demissão e promoção de colaboradores é uma oportunidade de mudar o futuro da empresa. Nada é mais estratégico, pois o valor que a empresa vende decorre do valor que as pessoas agregam aos processos em que se envolvem.

Falando mais claro, as pessoas são contratadas para gerar valor, valor que vai ser convertido em volume ou preço que, por sua vez, se transformará em lucro. Disso depende a sobrevivência da empresa a longo prazo.

Ao longo do processo de recrutamento e seleção, o alinhamento entre os objetivos do candidato e os objetivos da empresa precisa ser discutido e confirmado. Muitas pessoas são contratadas sem entender exatamente o seu papel no processo de gerar valor, e isso não é um bom começo...

Pessoas gostam de saber que existe um critério de contratação, que existe um processo justo de demissão e, quando acontecem, as promoções são precedidas de avaliações honestas e visam ao crescimento da empresa, não apenas das pessoas. Assim, os sentimentos humanos de frustração, medo ou inveja, se dissipam e não contribuem para envenenar o clima e comprometer a produtividade. Por que um mínimo de três pessoas no comitê? Porque é o menor número de votos com desempate automático, podendo evoluir para cinco ou sete pessoas, dependendo do porte da empresa.

Política de remuneração e incentivo definida e aplicada - Ainda que existam inúmeros problemas para formalizar essa política, alguma moldura deve ser desenvolvida. As pessoas perdem a cabeça por causa de qualquer desnível salarial entre funções parecidas e isso pode ser danoso ao clima organizacional.

Organograma publicado, descrição de cargos publicada e revista semestralmente – Esse trabalho está ligado ao planejamento estratégico e precisa ser desenvolvido dentro do quadro de metas e objetivos de cada setor.

CAPÍTULO 3 – PLANEJAMENTO ESTRATÉGICO DE MARKETING | 39

Avaliação semestral escrita e arquivada - Isso faz parte do processo de promover ou demitir pessoas e, portanto, precisa ser organizado de maneira que reduza as emoções negativas que minam a produtividade.

Plano de treinamento, substituição eventual, carreira e sucessão arquivado para cada pessoa-chave – Esse trabalho está ligado ao planejamento estratégico e representa uma excelente oportunidade de desenvolver recursos humanos para os projetos da empresa.

Muito se pode ganhar e economizar (dois benefícios distintos) ao treinar as pessoas certas no tempo certo, evitando contratações traumáticas mais adiante. Treinamento é um assunto estratégico que não pode ser delegado a uma psicóloga de 22 anos com pouco ou nenhum conhecimento das operações da empresa. Infelizmente, fala-se em verba e plano de treinamento de forma burocrática, como mais um benefício ou parte de uma rotina anual, um formulário a ser preenchido a cada 12 meses.

Treinamento é um projeto que deve integrar os outros projetos estratégicos da empresa, podendo envolver transferência de pessoas, projetos internos, cursos externos, aulas via internet, monitoramento interno, viagens, pesquisas de campo, serviço junto ao cliente (um semestre em regime de empréstimo, por exemplo), coaching (aconselhamento funcional) ou mesmo um período de afastamento da empresa (sabático) para uma etapa no exterior. O custo do treinamento sempre deverá ser inferior ao custo de uma substituição e isso não é um assunto trivial, devendo ser tratado ao nível de diretoria. Se existe uma expectativa de performance e o resultado de um fracasso pode resultar em demissão, isso precisa ser bem comunicado para evitar traumas desnecessários. Por outro lado, se não foi possível desenvolver o talento dentro de casa, o novo colega precisa ser visto como alguém que vai ajudar a desenvolver o negócio mais rápido, trazendo benefícios para todos. Se possível, a transferência de conhecimento para outros dois ou três membros remanescentes da equipe deve ser parte do pacote de contratação, com ou sem ajuda externa. Isso vai ajudar muito na transição, acelerando a curva de aprendizado de todos os envolvidos. Sempre relembrando: a empresa deve integrar seu meio-ambiente, movendo-se na velocidade do entorno.

Orçamento de pessoal integrado - Claro que todas as despesas de RH devem fazer parte do conjunto da empresa, especialmente as despesas de treinamento. Todos os gestores devem ajudar nessa construção, devem se sentir beneficiados pelo treinamento aqui orçado. Repetimos: integrado aqui significa parte do planejamento estratégico e parte do orçamento geral da empresa. Atingir metas operacionais deverá ser o objetivo também desse orçamento. Aumentos de salário, viagens e cursos de treinamento e recompensas financeiras em geral devem estar ligados aos projetos da empresa.

Pesquisa de satisfação periódica - Isso custa barato e pode ajudar muito no processo de avaliação gerencial. É muito difícil, dentro de uma empresa, conseguir opiniões honestas a respeito de pessoas em cargos de chefia, por diversos motivos. A maneira mais simples e eficaz que existe é construir no website (acesso restrito, com senha) um modelo de pesquisa de satisfação que orienta o funcionário a avaliar seu chefe ou colega.

Benefícios avaliados periodicamente - Faz parte da pesquisa de satisfação no sentido de que queremos gastar dinheiro onde isto faz diferença e gera satisfação real. Por outro lado, queremos saber se estamos em linha com o mercado.

Sistema de bônus ou participação de lucros definido e arquivado - Isso faz parte do comissionamento, onde houver, e deve integrar o plano estratégico, pois as metas precisam estar bem definidas no quantum e no tempo.

Conceito de foco: mercado e não produto

Existe muita confusão a respeito do que é foco no contexto de marketing. Foco significa mercado, nicho, segmento, mas não do ponto de vista de produto ou serviço. A prioridade, em qualquer foco, é manter o cliente, satisfazendo-o de forma plena. O seu produto ou serviço não é o seu foco, apenas faz parte do valor que você vai usar para conquistar o seu foco. Muitos empresários pensam que podem decidir aquilo que vão produzir, aquilo que vão vender, aquilo que vão fazer. Isso é até possível, mas não é viável e existe uma diferença. Ao fim e ao cabo, quem decide é o cliente.

Se a sua empresa fabrica blindagem automotiva, por exemplo, você precisa entender que está no ramo de serviços de segurança e não no ramo metalúrgico. Isso quer dizer que seus clientes, todos eles, partilham algumas características que precisam ser compreendidas. Nível de renda, necessidade de sigilo, atividades empresariais e estilo de vida serão algumas dessas características comuns. Se sua empresa vende blindagem automotiva e quer crescer, precisa aproveitar essa demanda total por serviços de segurança. Se você vender apenas blindagem, vai desperdiçar um cadastro importante de clientes com poder de compra e predisposição para consumir inúmeros outros produtos e serviços que podem ser fornecidos por você ou seus parceiros de negócio.

Se você opera no ramo de construção civil e pretende construir um shopping, você precisa saber que vai mudar de foco, vai operar no ramo de geração de tráfego de pessoas. Isso muda tudo, porque as pessoas envolvidas no planejamento da construção devem ser pessoas mais ligadas ao ramo de promoção, varejo, até mesmo show business, não engenheiros oriundos da construção civil. Mas o que significa geração de tráfego? Significa que os lojistas vão preferir (ou não) o seu shopping se a quantidade de pessoas circulando for alta, muito alta, todos os dias da semana. Isso requer uma estratégia, não vai acontecer por acaso. Vender espaço para uma agência bancária se instalar em cada canto do shopping, por exemplo, não é uma boa idéia, porque bancos não funcionam todos os dias e todas as horas. A presença de bancos na entrada do seu shopping vai criar uma visão desértica, deprimente, inibindo o tráfego de pessoas no sábado à noite, por exemplo.

Não se esqueça de que pessoas adoram pessoas, crianças adoram crianças, adolescentes adoram adolescentes, etc. Essa observação parece óbvia ou mesmo boba, mas é fundamental no planejamento estratégico de marketing de empresas que operam no varejo, serviços pessoais, entretenimento, turismo, etc.

Nesses segmentos, dependendo da faixa etária do seu público-alvo, elementos de conforto e segurança podem ser imprescindíveis ou dispensáveis. Como assim, você agora se pergunta. Será que existe alguém em algum lugar para quem conforto não é algo valioso? Sim, existe, claro, em muitos lugares. E nem precisamos ir a um safári na África para encontrar pessoas interessadas em desconforto.

Vejamos o exemplo que se segue: muitas casas noturnas de São Paulo atrasam o fluxo de entrada e criam filas artificiais na porta de 22:00 horas em diante, porque isso atrai ainda mais gente, mais interessada em partilhar um pequeno espaço com um número excessivo de pessoas, gerando desconforto e problemas de segurança. Tais pessoas interessadas em entrar nessas casas noturnas não se preocupam com conforto físico, preferem ficar de pé, não exigem boa comida, não fazem questão de serem bem atendidos, concordam em pagar caro por suas bebidas e ficam muito felizes de não ter espaço para circular. Que querem elas, afinal? Serão masoquistas? Nada disso, apenas buscam conhecer outras pessoas, de preferência mais bonitas, mais inteligentes e mais ricas que elas próprias.

Bem-vindo ao mercado das miragens, com muitos bilhões de dólares investidos em cinema, TV, cassinos, revistas, loterias, publicidade, etc. Esse mercado, um dos maiores e mais promissores do mundo, emprega milhões de pessoas e gera muitos benefícios para a sociedade. Se você deseja investir nesse mercado, procure entender quais são as prioridades dos consumidores, qual a motivação deles para consumir o seu produto ou serviço. Claro que isso vale para qualquer mercado.

Rever Investimentos

Essa etapa do processo de planejamento implica trabalhar com todos os dados resultantes de uma visão periférica e intestinal ao mesmo tempo, uma perspectiva abrangente e integrada do universo estratégico, compreendendo a empresa, seu entorno e o mercado. Reveja a figura 3.1:

Observe que as etapas 1, 2 e 3 são interativas, não existindo a hipótese de completar uma para depois começar a outra. O processo é dinâmico e requer atenção múltipla e simultânea, um tanto parecido com dirigir um carro cheio de crianças soltas, na contra-mão, cercado de outros carros, em alta velocidade. Se isso lhe parece apavorante demais, podemos mudar a metáfora e dizer que o processo de planejamento estratégico é como um jogo de xadrez, cada movimento do tabuleiro (de um lado ou de outro) afeta todas as posições conquistadas, recria oportunidades e perigos, obriga os dois lados a repensarem os próximos lances, defenderem novos flancos e refazerem mentalmente o caminho para a vitória.

Por adversário aqui devemos entender o entorno e o mercado, mas pode ocorrer, em alguns casos, que o adversário seja um indivíduo da própria empresa. Se um diretor sai e se posiciona como um concorrente, isso é considerado estrategicamente um movimento hostil interno, pois o diretor detém conhecimentos gerados internamente. Fórmulas químicas, planos, contratos e processos de negócio podem ser copiados, por exemplo, com variações pequenas.

De forma geral, sua reação a cada movimento adversário, projetada na moldura do planejamento, pode ser reflexa ou independente. Se sua reação for reflexa, isso quer dizer que você vai agir em contraposição direta, tentando retardar, bloquear, reduzir, desviar ou destruir o esforço adversário.

Se você optar por uma reação independente, isso significa que você vai ignorar o ataque e o campo de ataque escolhido pelo adversário, direcionando seu esforço para uma outra área inesperada, onde o seu contra-ataque seja mais rápido, mais eficaz e mais destrutivo. Você pode tentar fazer as duas coisas ao mesmo tempo, mas isso exige recursos superiores.

Os generais romanos, há 2000 anos atrás, desenvolveram alguns conceitos de guerra, bastante óbvios. Um deles dizia que um exército pequeno não pode tentar cercar um exército grande, devendo agir em formação de cunha ou emboscadas.

Nossa análise do que ocorreu em São Paulo entre 1994 e 1996 mostra que o ataque da Pepsi contra a Coca-Cola pareceu ignorar os ensinamentos milenares dos generais romanos. Esta última, dona do mercado, além de maior, estava bem entrincheirada em sua logística de distribuição. A empresa atacante perdeu muitas de suas tropas (investimentos) na tentativa de desalojar a empresa residente e tomar o território ocupado. Esse dinheiro poderia ter sido usado de forma mais parcimoniosa, com sucesso mais longevo.

Esse exemplo moderno de desperdício de investimento me faz lembrar alguma coisa que escutei quando criança. Meu bisavô, que veio depois dos romanos mas já morreu faz tempo, costumava dizer "Quem atira com pólvora alheia não se aproxima da caça". Todos nós, como empresários ou seres humanos, devemos tentar aprender com os erros já cometidos, evitando-os. Dessa forma, restará tempo e dinheiro para cometer erros novos.

Nossa seqüência de planejamento de marketing aqui não implica seguir uma seqüência lógica e esgotar cada fase de estudos, pois isso levaria muito tempo e tempo sempre é dinheiro.

Tendo em vista a capacidade de se influenciarem mutuamente, todas as etapas devem ser conduzidas mais ou menos em paralelo, servindo o resultado de cada uma para alterar as conclusões das outras. Por exemplo: se você definiu um foco de negócios e seu capital de investimento não parece cobrir todas as necessidades de escala para atacar esse foco, verifique se a estratégia pode ser adaptada para viabilizar e manter o foco. Trocando em miúdos: você quer focar o seu negócio no mercado de sucos, pois acredita que a demanda vai subir. Ao verificar as necessidades de capital para fabricar as bebidas, percebe que não possui o suficiente. Para manter o foco, contente-se em distribuir a bebida fabricada por outros. Agora você já pode detalhar mais profundamente o seu projeto, sem esquecer que poderá existir alguma composição do tipo distribuir 90% e fabricar 10%, talvez apenas um mate com limão.

Essa atividade marginal de produção poderá gerar margem superior por cada real vendido, mas a escala de distribuição (com margem inferior) será parte integrante de sua estratégia. Sem uma forte distribuição, de nada adianta produzir seu mate com limão com excelente qualidade e preço, pois o fator estratégico mais relevante no negócio de bebidas é a distribuição. Isso já foi descoberto faz tempo, e você não quer reinventar a roda. O conceito de franquia de bebidas, por exemplo, foi criado na década de 20 do século passado.

4

GESTÃO POR PROJETOS

O maior desafio de qualquer executivo, em qualquer empresa, é conseguir que as pessoas trabalhem em conjunto. Se conseguir isso, já merece uma medalha. O próximo passo é conseguir um certo grau de eficiência da equipe.

Administrar talentos isoladamente é mais fácil, apenas uma questão de definir objetivos e controlar a execução. Administrar talentos em grupo não é a mesma coisa, requer uma metodologia mais sofisticada que possa organizar esforços no tempo e no espaço. Temos, portanto, 3 dimensões de gerenciamento a considerar para cada pessoa envolvida:

- **Ação** = Pesquisa, coordenação, compra, transporte, contratação, etc.
- **Tempo** = período de execução de cada tarefa, condicionado ou não ao tempo de outras ações em andamento.
- **Espaço** = Localização física e organizacional de cada pessoa e das ações por ela comandadas ou executadas.

Quanto maior o projeto, maior o número de pessoas, maior o número de interações e maior a probabilidade de conflito entre essas 3 dimensões gerenciais. Se o projeto começar com a equipe certa, a chance de fracasso é sempre real. Se começar com a equipe errada, sai mais barato não fazê-lo. A montagem da equipe é fundamental, portanto.

Para que possamos organizar pessoas em equipe, é importante entender o que é uma equipe e como podemos reunir pessoas para formar uma equipe. Uma equipe não é um conjunto de pessoas, uma equipe não é uma torcida de futebol, uma equipe não é um grupo de fiéis de uma igreja. Uma equipe precisa conter diferenças individuais, uma equipe precisa conter talentos complementares.

Existem quatro tipos principais de talentos que precisam ser combinados na execução de qualquer projeto:

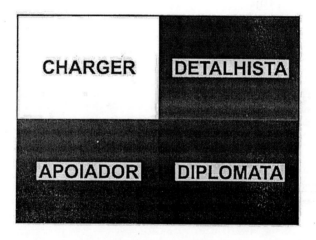

Figura 4.1 – Talentos.

O sujeito cuja personalidade é classificada como charger (aquele que avança com velocidade) é agressivo, decidido, tem senso de objetivo e faz acontecer. Seu lugar é sempre na liderança, até porque sua combatividade elimina qualquer outro ao seu lado.

Os **detalhistas** são pessoas que percebem todos os detalhes e todas as conseqüências de cada passo de um projeto, são ótimos revisores de texto, possuem paciência e capacidade de trabalho. Um detalhista funciona bem na detecção de riscos e armadilhas contidas em contratos e planos de trabalho em geral.

Os **apoiadores** são ótimos companheiros, sempre prontos para ajudar, seja no que for. O número de apoiadores em qualquer projeto é sempre o maior, pois se ajustam bem aos ambientes e aos diversos ritmos de trabalho.

Os **diplomatas** são pessoas que priorizam o ser humano e se esforçam para construir amizades onde quer que estejam. Funcionam muito bem como coordenadores e elementos de ligação, pois sabem evitar conflitos e conseguem transitar entre lados adversários.

Para que possamos entender exatamente o efeito que essas personalidades possuem na condução de qualquer projeto, vamos imaginar uma hipótese absurda em que o projeto seja constituído de 4 indivíduos com o mesmo tipo de personalidade.

Se reunirmos quatro chargers para um trabalho conjunto e os trancarmos em uma sala por 10 horas seguidas, ao fim do dia teremos três nocauteados e um ferido, pois um charger não aceita facilmente o comando de outro charger.

Um conjunto de detalhistas, se deixados sem supervisão, gasta todo o seu tempo nas entrelinhas do projeto, sem registrar qualquer avanço significante.

Apoiadores são ótimos para apoiar, mas precisam de liderança. Um time de apoiadores consegue trabalhar bem em grupo, desde que exista pelo menos uma instrução do que fazer. São incapazes de tomar decisões.

Ao retornar à sala onde foi deixado um grupo de diplomatas, você vai verificar que os vínculos de amizade foram fortalecidos e que um clima de fraternidade eterna predomina. Diplomatas jamais vão enfrentar resistências e quebrar paradigmas, jamais vão criar algo novo.

A conclusão a que chegamos pelo exemplo acima é que em um projeto ou numa empresa é preciso combinar tipos de personalidade que possam se complementar e produzir um resultado positivo. Claro também está que nenhuma pessoa é um charger perfeito ou um diplomata 100% do tempo, as pessoas possuem suas complexidades internas que, muitas vezes, aparecem somente nas crises, nos momentos críticos de suas vidas.

Por que começamos um capítulo que trata de projetos falando de personalidades? Aliás, por que o capítulo se chama gestão "por" projetos e não "de" projetos?

Começando pela resposta mais simples, podemos afirmar que, em todos os projetos que deram errado, o motivo foi sempre um só: a comunicação interpessoal. As desculpas são variadas, fala-se muito em falta de recursos, falta de tempo, falta de gente, mas a verdade é que o motivo da falha, o motivo do acidente, o motivo do atraso são perfeitamente explicados dentro da moldura interpessoal.

Respondendo à segunda pergunta, nossa abordagem não visa à execução de projetos, mas sim ao uso da metodologia de projetos para apoiar a gestão estratégica de empresas.

Existem várias outras aplicações para a metodologia de projetos:

O que é um projeto?

Exemplos de atividades que podem ser executadas mais eficientemente com uma metodologia de gestão por projetos:

- Desenvolver um novo produto ou serviço.
- Efetuar mudança na estrutura, no pessoal ou no estilo de uma organização.
- Desenvolver ou adquirir um sistema de informações novo ou modificado.
- Construir um edifício ou uma instalação.
- Conduzir um processo de recrutamento ou treinamento
- Implantar um novo procedimento ou processo de negócio.

Para implementar uma cultura de planejamento estratégico na empresa é preciso, a curto prazo, incentivar pessoas inteligentes a criarem e colaborarem dentro de uma moldura de velocidade e responsabilidade.

Isso somente se consegue com uma moldura de trabalho visível onde todo mundo enxerga todo mundo, onde a pressão ambiental propicia, de modo natural, mais eficiência. As pessoas não gostam de falhar em público. Um diretor de empresa poupa muito de seu tempo e de sua imagem ao deixar que a pressão natural exercida pela vaidade de cada um cuide de manter as pessoas alinhadas com as metas qualitativas e temporais da moldura.

Essa moldura também deve facilitar o redirecionamento das pessoas e das ações, sempre que for necessário. Hoje em dia, um diretor, viajando pela Europa, pode acompanhar e direcionar um projeto em andamento no Brasil, desde que uma metodologia tenha sido implantada e comunicada antes. A metodologia de gestão por projetos visa a criar justamente isso:

Objetivos de curto prazo:

- velocidade (tempo)
- visibilidade (atividades)
- responsabilidade (pessoas)
- eficiência (recursos)
- controle (direção)

Como inserir esses elementos de gestão em um projeto? Como funciona essa metodologia na prática?

Digamos que a empresa precise se transferir de local e tem um prazo para entregar o prédio em que funciona. Sem uma metodologia de trabalho, essa transição vai gerar custos, estresse e traumas bem maiores que o necessário. Uma moldura de execução precisa ser construída:

PROJETO - Formato básico

		QUANDO					
QUE / COMO	QUEM	M1	M2	M3	M4	M5	M6
Descrição do Passo 1	Fulano						
Descrição do Passo 2	Mengano						
Descrição do Passo 3	Ciclano						

Figura 4.2 – Projeto.

A simples definição do que precisa ser feito, do quando deve ser feito e de quem é responsável por fazê-lo já elimina, de imediato, uma série de possíveis falhas de comunicação. O encadeamento seqüencial de cada providência e a previsão de recursos envolvidos pode ajudar muito a prever gargalos e dificuldades mais adiante.

As pessoas envolvidas, ao se comprometerem com prazos e metas, estarão colocando seu nome na tela visível do projeto. Sugerimos que esta tela visível esteja na internet, para que todos possam acompanhar a execução de onde quer que estejam.

Em um projeto do tipo "mudança de sede empresarial", é bom lembrar a lei de Murphy: **tudo o que pode dar errado vai dar errado.**

Murphy foi um engenheiro encarregado de examinar falhas de operação em máquinas produzidas por sua empresa. O objetivo principal do trabalho desse famoso engenheiro era prevenir que alguém se acidentasse na operação das máquinas. Assim sendo, Murphy procurava imaginar todos os possíveis movimentos que um operador pudesse fazer, todas as circunstâncias que poderiam eventualmente conduzir a um acidente. Daí surgiu a famosa Lei de Murphy.

Ao montar a moldura de tempo e responsabilidade que antecede ao início do projeto, devemos pensar em tudo o que pode ser pensado, todas as relações de causa e efeito que poderão produzir atrasos, bloqueios e custos extras. Isso, todavia, não deve ser exagerado de modo a criar fantasmas e preocupações excessivas.

Existe um risco em tudo o que se faz desde o momento em que se levanta da cama. Conduzir um projeto envolve um componente de risco, cuja probabilidade precisa ser avaliada no começo. Em havendo alternativa de menor risco e sendo o risco significante, o curso da ação deve ser desviado. Caso contrário, o prosseguimento deve ser administrado com cautela.

De qualquer forma, o uso de ferramentas de comunicação para iniciar e administrar qualquer projeto empresarial minimiza o risco, à medida que obriga as pessoas envolvidas a pensarem e abrirem a boca. Do começo ao fim, gerir projetos é gerir pessoas, dando a elas a chance de opinar e assumir responsabilidades conscientes.

5

GESTÃO DE TALENTOS ESTRATÉGICOS

A seleção de pessoas ao longo dos últimos 5000 anos mudou relativamente pouco em vários aspectos básicos. As pessoas mais bem-nascidas (herdeiros patrimoniais), mais inteligentes (herdeiros genéticos), mais bonitas (conforme o padrão regional), mais sorridentes (geram conforto psicológico) ou fisicamente mais fortes (geram conforto físico) continuam liderando, como sempre aconteceu.

Embora os setores de RH disfarcem isso e os anúncios de jornal nem aceitem certas palavras discriminatórias, as qualidades aparentes no primeiro momento influenciam muito, em todos os lugares, na seleção de pessoas para o trabalho.

Por outro lado, a gestão de pessoas e processos, ou seja, a forma de obter produtividade e resultado de equipes de trabalho, mudou bastante com a evolução tecnológica dos últimos 100 anos. Isso indica que existe hoje um certo descompasso evolutivo entre alguns aspectos do processo de seleção e as necessidades de gestão.

Esse descompasso se acentuou de forma mais perceptível nos últimos 20 anos, com a introdução das ferramentas de processamento, armazenagem e formatação de dados, os chamados computadores.

Para compreender melhor a metamorfose ambiental que está em andamento ainda hoje, precisamos retroceder à década de 50, no mundo pós-guerra.

Por volta de 1954, as alterações organizacionais ocorridas no ambiente industrial ao longo do período 1939-1945 já se haviam parcialmente consolidado e surgiu uma teoria gerencial chamada "gerenciamento por objetivos" (MBO-Management by Objectives), criada por Peter Drucker, o grande nome da administração (ainda vivo em 2004, com 94 anos).

Na década de 50, a idéia de que um chefe pudesse delegar e, depois, avaliar de alguma forma o resultado do trabalho era estranha, absurda, extremamente revolucionária. Os chefes, naquela época, serviam para dar ordens, dizer o que fazer, todos os dias, a todo momento. Drucker foi visto como um visionário, provavelmente meio louco.

Isso precisa ser melhor entendido no contexto da época, até porque essa época não acabou, ainda existem chefes hoje que não conseguem delegar, aliás nem sabem o que é isso exatamente.

Antigamente, a posição hierárquica do chefe no ambiente da empresa lhe permitia um alto grau de conforto em sua rotina diária. Os subordinados esperavam menos, imaginavam menos, aceitavam ordens, trabalhavam mais e não questionavam muito.

Claro que a idéia de progredir existia, mas a velocidade ambiental era muito menor, as pessoas esperavam muitos anos por uma promoção e cada nível significava um grande avanço na vida. O grau de ansiedade que vemos hoje provavelmente pareceria patológico naqueles tempos. Aliás, pensando bem, parece igualmente patológico, mesmo nos dias atuais.

Hoje, nosso universo empresarial de expectativas coloca a gestão de pessoas no centro de um turbilhão de prazos, metas, desafios de aprendizado, pressão do chefe, expectativas, emoções, ambições e muito, muito medo. Seja no ambiente da fábrica ou no último andar da torre da diretoria, o nível de estresse faz adoecer os mais fortes e exerce um certo efeito paralisante sobre os mais fracos.

Figura 5.1 – Expectativas.

Administrar projetos e liderar pessoas nesse ambiente de estresse permanente tornou-se um desafio formidável, a requerer uma maturidade que poucos possuem e, ironicamente, são exatamente os mais jovens e imaturos que são selecionados para os cargos de chefia hoje em dia.

Esse desencontro gera mais um problema organizacional, a requerer um formato cultural específico, visto mais adiante.

O impacto do computador

Em meados da década de 80, com a incorporação do computador na rotina administrativa da maioria das empresas aqui no Brasil, os trabalhos de primeira linha operacional da burocracia, por exemplo (contabilidade, registros e relatórios básicos), foram aos poucos migrando para dentro da máquina e desaparecendo das mesas de trabalho.

GESTÃO ESTRATÉGICA NAS PEQUENAS E MÉDIAS EMPRESAS

À medida que os trabalhos foram se tornando menos visíveis, com menor produção física, a função gerencial se tornou menos interativa (no aspecto físico) e mais analítica. Isso mudou definitivamente o perfil gerencial requerido, mas essa transição ainda não foi percebida em muitas empresas.

O gerente deixou de enxergar, acompanhar, avaliar e, eventualmente, corrigir o que as pessoas faziam no dia-a-dia, passando a aguardar o resultado do trabalho, o output do processamento eletrônico dos dados.

Essa mudança ainda está acontecendo no Brasil em muitos lugares e muitos gerentes ainda não entenderam o que isso significa.

O potencial salto de produtividade que se pode alcançar pelo uso pleno dos computadores e seus programas ainda não aconteceu em muitas pequenas e médias empresas. Faltou gente, por diversos motivos.

Faltou gente para pensar, organizar, analisar, formatar e apresentar informação gerencial. Faltou gente para contratar essa gente. Não se pode esperar de uma pessoa que nunca aprendeu de fato a usar um computador que ela saiba recrutar, identificar, testar, selecionar, contratar, introduzir, treinar, orientar, dirigir e motivar pessoas com talentos pouco compreendidos.

Faltou gente para ensinar a essa gente. Foram apenas 20 anos de evolução prática das chamadas ciências da computação e as próprias faculdades ainda não possuem professores talentosos e experientes em número suficiente.

Em muitas empresas, velhos diretores (ou nem tão velhos assim) não conseguem avaliar o entorno da empresa, não conseguem tomar decisões mais inteligentes porque não possuem o treinamento analítico para absorver o *output* possível dos computadores.

Quando foi contratado, o supervisor de vendas (depois promovido a gerente e a diretor) não precisou demonstrar capacidade analítica, nunca lhe perguntaram se sabia montar um gráfico a partir de dados em Excel, importados de algum sistema de faturamento, por exemplo.

Criou-se um hiato gerencial, com equipes administrativas de um lado e equipes comerciais do outro, sem troca efetiva de informações gerenciais.

Diretores comerciais, da velha escola do sorriso fácil, não sabem como gerenciar dados, solicitar relatórios, pedir gráficos, demonstrar investimento e retorno, enfim, administrar a empresa. Isso não seria problema se as equipes de marketing e vendas fossem formadas por talentos complementares e estratégicos.

Todavia, o setor de RH, especialmente em pequenas e médias empresas, raramente imagina que um sujeito gordinho, de óculos, com cara de poucos amigos, possa ser eventualmente um importante membro da equipe comercial, se treinado para isso. O próprio sujeito gordinho também não se imagina no setor comercial, ele também desconhece as necessidades estratégicas da empresa. Existe muita ignorância na pequena e média empresa em torno do uso gerencial da informação.

Implementando uma Cultura Estratégica

Como podemos, de forma inteligente, tentar absorver, administrar e reduzir alguns dos problemas e conflitos listados acima?

É preciso criar e implantar uma cultura de longo prazo na empresa. As exigências do dia-a-dia não podem destruir a capacidade da empresa de pensar o seu futuro.

Uma Cultura Estratégica é um pré-requisito para a implementação bem sucedida de um processo de planejamento estratégico. Basicamente, constitui-se de um senso geral de objetivo, compromisso e urgência, uma metodologia de avaliação de sucesso, uma motivação para o aprendizado contínuo e um pensamento organizacional orientado para questionar as relações de causa/efeito dos processos de trabalho.

Os 7 passos para a criação de uma Cultura Estratégica em sua Empresa:

1) Desenvolver o Pensamento Estratégico

A base do pensamento estratégico é o método científico, com seu questionamento passo a passo das relações de causa e efeito. No processo de planejamento estratégico, essas relações de causa/efeito são projetadas e depois testadas no âmbito das premissas de trabalho.

Uma premissa de planejamento estratégico envolve conceitos de economia, marketing, tendência comportamental, custo de execução, velocidade e performance, para citar alguns.

Cada premissa deve ser bem conceituada e cada investimento (causa) justificado dentro de uma moldura de mercado, especificando-se as metas (efeitos) de volume e share que se pretendem alcançar. Cada produto ou serviço, novo ou antigo, devem ter seu papel claramente definido na cadeia de valor proposta pela empresa ao mercado. Se não ficar claro o benefício (efeito) relativo a qualquer custo (causa), este deve ser questionado pelo gestor mais diretamente envolvido.

Todo o processo requer inteligência analítica, uma base de dados de mercado, uma base de dados da empresa e muita disciplina para evitar as armadilhas do sucesso passado.

Abaixo, alguns exemplos aleatórios de relações de causa/efeito que precisam ser questionadas, verificadas mais de perto e confirmadas ou não:

Contratar mais pessoal	Aumento da produção
Contratar mais vendedores	Aumento das vendas
Visitar mais os clientes	Aumento das vendas
Trocar o Gerente de Vendas	Aumento das vendas
Demitir 5 pessoas	Redução de custos
Criar uma nova filial em Porto Alegre	Aumento de vendas na região

Além de questionar se existe de fato uma relação de causa/efeito nas decisões acima, precisamos habituar os gerentes a pensarem estrategicamente, com olho no futuro.

Pode ser que o aumento de pessoas na produção gere realmente mais produção agora, mas provavelmente existem outras conseqüências, outras alternativas hoje e amanhã.

Para aumentar as vendas existem sempre muitas alternativas e justamente por isso a relação de causa/efeito de qualquer ação isolada precisa ser estabelecida com algum critério. Muitas vezes, uma aparente boa idéia, sem pesquisa de campo, pode conduzir a um desastre.

Existe um caso real de uma empresa paulista que criou uma filial em Porto Alegre com o objetivo de aumentar vendas e terminou com um enorme prejuízo, perda de estoques, perda de clientes e, claro, perda de vendas. O erro começou no momento em que foi ignorado o perfil e o papel do representante regional.

Comunicado da decisão, e sentindo-se prejudicado, esse representante local entrou com uma gigantesca ação de indenização. Além disso, o estoque (errado) transferido para a filial se perdeu parcialmente por falta de giro e os clientes continuaram a comprar do próprio agente, que desenvolveu outra fonte dos produtos.

Um detalhe importante: os clientes, questionados em meio ao processo, afirmaram que não fazia diferença comprar de um estoque mais próximo, bastando que a entrega fosse confiável e dentro do prazo negociado. Tinha sido exatamente essa a alegação e a proposta da empresa ao criar a filial: disponibilizar um estoque mais próximo do cliente. O próprio cliente, claramente, não atribuía valor a essa proximidade, bastando que a promessa de entrega no prazo combinado fosse cumprida. Isso foi dito na presença do autor por um dos principais clientes, dentro de sua fábrica, em Porto Alegre.

Sem dúvida que todo esse desastre não era previsto por quem teve a idéia de criar a filial e muito menos por quem aprovou a decisão. Quando a proposta foi inicialmente apresentada para aprovação superior, o argumento parecia sólido: colocar a empresa mais perto do cliente. Ninguém perguntou de fato se o cliente queria isso, para inicio de conversa. Estamos falando de pessoas inteligentes, diretores de empresa, todos com curso superior e experiência de mercado. Apenas não se preocuparam em pesquisar, colher dados, compreender o que significaria um estoque local em termos de valor para o cliente. Em resumo, por falta de um questionamento de causa/efeito, por falta de um estudo de alternativas, por falta de pensamento estratégico, muito dinheiro foi perdido. Para desenvolver o pensamento estratégico em sua empresa, comece encorajando algumas atitudes em detrimento de outras:

- falar	+ pensar
- achar	+ pesquisar
- criticar	+ perguntar
- opinar	+ aprender
- imaginar	+ avaliar
- conversar	+ analisar
- olhar para trás	+ olhar para frente

2) Rever a Estrutura Organizacional

Seja qual for o formato do Organograma, a qualidade das pessoas e seu senso ético devem corresponder ao grau de poder exercido na Organização. Isso significa que as pessoas mais inteligentes e honestas devem estar no topo de qualquer departamento, apenas isso, nada mais do que isso.

Se isso não ocorrer, a credibilidade de qualquer processo de gestão estará comprometida, não importa o que estiver formalizado ou anunciado. Na mesma linha de pensamento, o alinhamento entre a capacidade coletiva de uma equipe e seu papel na cadeia de valor da empresa precisa ser revisto e confirmado. Muitas vezes uma pessoa medíocre e defensiva em posição de chefia pode destruir a cadeia de valor.

Caso se verifique que as pessoas de um departamento, agindo de boa fé, não conseguem dar conta de uma determinada responsabilidade estratégica, faz-se necessária uma intervenção não traumática. Uma força-tarefa deve ser constituída e um projeto de análise de processos e adequação de talentos ser iniciado. Dessa forma, consegue-se "trocar a roda do carro em movimento".

3) Reavaliar as Necessidades de Treinamento

O processo de planejamento estratégico gera um conjunto de planos de ação, que por sua vez aponta para a necessidade de um conjunto de habilidades. Essas habilidades podem ser de todo tipo: liderança, conhecimentos de finanças, capacidade de análise, domínio de inglês, etc.

A própria curva de aprendizado dos projetos e planos de ação vai demonstrar a qualificação e a velocidade das pessoas. Um monitoramento dessa performance se faz necessário para determinar a necessidade de treinar ou intercambiar pessoas. O tradicional "levantamento das necessidades de treinamento" passa a ser mais estratégico e menos psicológico.

A propósito, levantar necessidades de treinamento no Brasil, no sentido geralmente usado, é enxugar gelo, normalmente um exercício oneroso e consumidor de expediente. Se nós queremos adequar talentos aos processos estratégicos da empresa, devemos começar com talentos bem selecionados e agregar um treinamento sólido, feito por pessoas que conhecem as funções financeiras, comerciais, etc., conforme o caso.

Muitas pessoas que se dizem profissionais de treinamento nunca deram uma aula na vida, nunca ensinaram nada a ninguém, muito menos dentro da empresa em que trabalham. Um projeto de treinamento na empresa, ou mesmo fora dela, precisa ser rascunhado para colher opiniões internas e externas. Um comitê de treinamento incluindo profissionais das áreas estratégicas com conhecimento e tato para ensinar pode ser a melhor solução prática para o desafio de treinar na empresa. A supervisão desse comitê deve ser partilhada por um alto executivo da empresa e um consultor externo, para assegurar autoridade e isenção. Uma avaliação contínua do sucesso desse treinamento se faz necessária. Não se pode correr o risco de desperdiçar tempo e esforço sem retorno mensurável.

4) Instituir Objetivos e Medições

Cada projeto, cada plano de ação derivado do processo de planejamento estratégico constitui-se em um conjunto de objetivos que requer esforços de liderança, coordenação, negociação, análise, etc.

As pessoas envolvidas nesses projetos, muitas vezes, estão vivendo sua primeira oportunidade de brilhar ou falhar.

Muitas oportunidades de avaliar sua atuação estão naturalmente inseridas ao longo das etapas de cada projeto. Esse ambiente de performance transparente faz uma enorme diferença na motivação das pessoas.

Além disso, o acompanhamento dos graus de sucesso ou fracasso é extremamente educativo, tanto no sentido de progresso profissional como no contexto de ética e justiça dentro da empresa. É como jogar uma partida de futebol ou tênis com a platéia acompanhando o placar. O resultado justo prevalece, todos entendem, todos aprendem e todos ganham.

5) Criar Sistemas de Recompensa

Um dos pilares de qualquer sistema de recompensa deve ser a confiança. O colaborador avaliado deve ter a certeza, desde o início, de que a recompensa será justa para o esforço bem intencionado, ainda que o resultado não seja ótimo.

Se essa confiança não existir, os riscos serão evitados e a empresa raramente vai inovar, pouco vai evoluir. Construir esse clima de confiança é o maior desafio de um administrador. A noção de que só erra quem trabalha e ousa deve ser difundida e defendida na empresa, preferencialmente por quem já ousou, já errou e fala disso sem medo.

Sem dúvida o tamanho do resultado deve influenciar a recompensa, mas isso não é o mais importante. As pequenas recompensas, desde que justas, desde que visivelmente identificadas na organização, valem muito e custam relativamente pouco.

O sucesso da empresa deve ser objeto de busca de todos os colaboradores, mas isso só vai acontecer quando existir uma clara conexão entre esforço individual e resultado operacional. Para isso serve o processo de planejamento e execução estratégica.

6) Distribuir Informação e Gerar Conhecimento

A informação estratégica é onipresente na empresa e o único trabalho do administrador dessa informação é identificar as fontes de dados naturais, formatar relatórios primários e assegurar sua distribuição eficaz e segura para subseqüente análise setorial. Essa visão, infelizmente, não corresponde à realidade na maioria das empresas.

Informação é uma coisa importante demais para ficar nas mãos do pessoal de informática, assim como se dizia que a guerra é importante demais para ficar nas mãos dos generais. A disponibilidade da informação primária e as possibilidades de formatação (business intelligence) precisam ser conhecidas por todos os interessados. Em outras palavras, os cozinheiros só precisam saber onde estão os ingredientes e as receitas.

O hábito de reconhecer, compilar e analisar dados naturais vai contribuir para a melhoria de qualidade do sistema de informações, uma constante reclamação de todos os executivos. Ao estimular a inteligência analítica de todos os colaboradores, a empresa estará gerando conhecimento e isso vai fortalecer ainda mais sua posição competitiva. Sem dúvida que o desenvolvimento de uma **Organização que Aprende** requer uma política de informação gerencial distribuída de alguma forma pela internet, pois o processo de geração de papel não comporta a segmentação e os conseqüentes controles de acesso seguro que precisam acompanhar a abertura dos dados.

7) Promover a Comunicação para gerar Velocidade

Uma das maiores dificuldades de todas as empresas, mormente as grandes, é promover o compartilhamento das informações em tempo real.

62 | GESTÃO ESTRATÉGICA NAS PEQUENAS E MÉDIAS EMPRESAS

Muitas decisões infelizes ou atrasadas ocorrem em todos os níveis, por falta de informações que já existem em outro lugar da empresa.

Por outro lado, muitas reuniões são promovidas para a simples troca de informações, tomando tempo e reduzindo a velocidade gerencial. O uso inteligente de e-mails e uma metodologia de documentação de projetos on-line pode contribuir muito para reduzir reuniões e acelerar o processo decisório.

Reuniões são ótimas para a votação de propostas e negociações de responsabilidade, não para a troca de dados básicos. Em uma cultura estratégica, a velocidade interna da empresa gera agilidade externa, criando um círculo virtuoso.

O dilema do fundador

No universo das PME, em muitos casos, falar em cultura estratégica pode parecer ambicioso e futurístico. Como diriam outros, é algo muito bom, mas que não dá para aplicar no momento. Ouvimos em toda parte que as idéias "modernas" não funcionam porque existe uma resistência, normalmente na diretoria, muitas vezes na pessoa do fundador ou fundadores.

De fato, essas pessoas existem no mundo real e sem dúvida merecem todo o nosso respeito. Foram e ainda são homens fantásticos que construíram tudo onde não havia nada. Identificaram caminhos onde pouco se enxergava, devido a obstáculos talvez. Acostumaram-se a ganhar território como magníficos predadores na planície do mercado. Concluímos, com certa poesia, que o predador e o empreendedor realmente partilham uma certa intuição, talvez alguns instintos naturais que dispensam maiores apoios analíticos.

De fato, essa mesma magnífica auto-suficiência, que foi vantajosa e bem sucedida no passado, talvez até possa ainda ser útil para a escala atual de operações da pequena empresa. Todavia, já contém a semente da autodestruição futura.

A evolução natural da pequena empresa a conduz em duas direções, talvez três. Ou ela cresce, ou ela quebra (depois de um período de estagnação), ou ainda ela é comprada. Considerando um cenário otimista, ela vai deixar de ser uma pequena empresa via crescimento.

Ao crescer, a intuição original do fundador já não basta, pois o número de relações de trabalho aumenta exponencialmente e a intervenção pessoal do dono já não é possível em todos os níveis operacionais. Logo, a comunicação geral se deteriora, o caos impera e muita fricção surge entre os velhos companheiros. Até a saúde do dono já passa a ser uma preocupação.

Por tudo isso, mesmo considerando a pequena empresa, há de existir uma preocupação com o processo sucessório. A empresa requer continuidade maior que a vida, requer vida além de seu fundador.

Quando se fala em processo sucessório na pequena e média empresa, normalmente estamos falando do filho do dono, ou pior, dos filhos dos donos, primos (ou assemelhado) e rivais entre si. A probabilidade estatística de que os filhos dos donos sejam todos brilhantes, equilibrados, interessados, disciplinados e amigos entre si é próxima de zero.

Colocar o herdeiro certo no lugar certo no tempo certo é uma dor de cabeça que já destruiu muitos grandes grupos. Retirar de circulação os herdeiros errados dá mais trabalho ainda.

Supondo que isso já se tenha resolvido em sua empresa, ainda falta treinar os herdeiros certos para alcançarem a plenitude de suas funções e liderarem suas equipes. Normalmente seus pais não conseguem fazer isso, mas tentam, e o processo pode ser doloroso para pais e filhos.

Mesmo considerando que o dono tem um único filho, a selva cinzenta é bem mais instável e mutante que a verde e, afinal, o "leãozinho", mesmo que habituado desde criança a transitar pela fábrica, pode não ter sido suficientemente exposto ao mercado onde se insere a empresa, ou esse mercado simplesmente mudou.

Conduzir migrações estratégicas, escolher novos projetos, liderar novas equipes não são tarefas fáceis para ninguém em nenhum lugar do mundo, muito menos no Brasil.

Herdeiros de patrimônio não costumam ser herdeiros de personalidade. As asas que serviram bem ao pai nunca farão o filho voar, até porque os tempos e os ares são outros. Novas asas se fazem necessárias. Há de se providenciar uma transição gerencial, que, sem desprezar a intuição, passe a envolver mais gente e mais informação.

VIABILIDADE, INVESTIMENTO E RETORNO

A palavra **investimento** aqui se refere ao universo empresarial, onde o risco de performance; seja humana, técnica, econômica ou mercadológica; faz parte do jogo. Não estamos falando em investimento com retorno certo e quantificado, não vamos tratar de aplicação financeira no ambiente bancário. O processo de análise de investimento empresarial requer um conjunto de dados subjetivos, não matemáticos. Uma empresa não pode ser avaliada como uma aplicação financeira, pois o retorno nunca é exato, pelo menos não enquanto a empresa estiver operando.

A palavra **análise** significa normalmente decompor, quebrar (em inglês, por exemplo, se usa breakdown significando análise), mas aqui o processo de análise, na realidade, incorpora a relação de causa/efeito que deve existir entre as etapas do projeto de investimento.

Da metodologia científica tomamos assim emprestado o processo de raciocínio adequado para correlacionar, simular e modelar conjuntos de dados conceituais e quantitativos. No contexto de um projeto de investimento, causa e efeito é uma relação lógica que precisa ser investigada, confirmada e demonstrada entre o custo e o benefício de qualquer iniciativa.

Em outras palavras, analisar um investimento empresarial significa listar e correlacionar todas as ações e desembolsos versus todos os resultados pretendidos, buscando traçar uma relação de causa e conseqüência em ambiente de risco perene.

A questão da viabilidade se divide entre **viabilidade estratégica e viabilidade financeira**. A primeira se percebe no contexto científico de causa e efeito, com base em um plano de negócio e um conjunto de ações agressivas e reativas previstas dentro de um quadro mercadológico definido.

A **viabilidade financeira** depende do custo do dinheiro, uma variável de mercado. Aqui no Brasil, onde praticamente não existe mercado de ações (Bolsa de Valores, dinheiro de acionista a baixo custo), onde o custo do dinheiro é sempre desfavorável ao empreendedor, qualquer investimento requer um certo grau de otimismo e audácia. A taxa de retorno em investimentos de risco empresarial no Brasil tende a ser sempre inferior ao retorno obtido em aplicações bancárias de baixo ou nenhum risco.

De qualquer forma, podemos dizer que um investimento é viável quando o valor que se contempla investir hoje tem uma expectativa de retorno integral dentro de uma moldura de tempo (5 a 10 anos) com sobra para pagar o aluguel do dinheiro. O aluguel do dinheiro é uma figura necessária no contexto de análise de investimento, assim como a existência de um credor.

Credor aqui, a propósito, é qualquer pessoa ou instituição que colocou dinheiro, crédito, tempo, tecnologia, ativos tangíveis ou intangíveis no negócio. Em suma, um apostador (*stakeholder*) no sucesso do empreendimento.

Viabilidade, portanto, é uma questão de reunir capital, gente e conhecimento para obter o melhor retorno possível, normalmente no formato de fluxo de caixa. Para se conseguir isso, devem- se gerir o tempo, o risco e o ambiente de forma eficiente. Essa etapa de gestão dos recursos empregados é a que reúne os maiores desafios, em qualquer projeto.

Figura 6.1 – Viabilidade.

O item "conhecimento" aqui significa conhecimento em geral, conhecimento do mercado, da tecnologia e do próprio negócio em que se investe. Além da experiência acumulada das pessoas envolvidas, estamos falando de dados estatísticos, dados pesquisados, números de vendas, expectativa de crescimento, todos os dados reunidos em função do projeto, dados esses que serão usados no processo de planejamento e formatação de preços, volumes, embalagens, canais, logística de entrega, capital de giro requerido, pessoal, instalações, máquinas, etc.

O quesito "gente" implica assegurar que a equipe de pessoas envolvidas na direção do projeto possua as habilidades requeridas pelos processos e possua também a motivação para o sucesso. Essa motivação não acontece por acaso, precisa ser identificada, encorajada, organizada e mantida acesa. A deterioração dessa força viva pode resultar, no pior cenário, em sabotagem passiva. Engana-se quem imagina que um projeto de negócio pode abdicar de uma pesquisa, formal ou informal, da predisposição das equipes envolvidas. A maior parte dos projetos fracassa porque as pessoas envolvidas não correspondem à expectativa delas mesmas, não porque os clientes deixem de comprar ou porque algum acidente grave acontece.

Supondo que temos capital, gente e conhecimento adequado para iniciar o projeto, estamos ainda diante do desafio maior, o processo de gestão, que implica administrar o tempo, prevenir o risco e interagir de forma inteligente com o ambiente e suas influências.

Quando falamos de tempo, falamos também de risco. Busca-se, em qualquer projeto, reduzir o tempo empregado, queimando etapas sempre que possível.

Quanto mais tempo, mais risco; quanto mais risco, maior a taxa cobrada pelo aluguel do dinheiro.

Além do retorno do valor principal empregado, um projeto de investimento pressupõe uma taxa de remuneração que inclui o risco. Esse composto (aluguel do dinheiro + risco) é chamado pelo mercado financeiro de juros reais.

Existe ainda a questão da inflação a ser administrada nos preços de venda e nos preços de compra. De qualquer maneira, essa inflação também contribui para piorar o custo do dinheiro, pois os bancos não cobram apenas juros reais. Eles trabalham com um cenário de inflação futura e embutem esse percentual nos juros do dinheiro que emprestam, chamando esse composto de juros nominais. Por exemplo, se a expectativa inflacionaria é de 20% ao ano, então uma taxa de juros nominais de 44% embute apenas 20% de juros reais. Além de tudo isso, claro, o banco também cobra custos administrativos, impostos e um lucro chamado de spread. Para o empreendedor, quase sempre, sobra pouco.

Lembre-se que, mesmo sendo o dinheiro emprestado de família, existe um fator de cálculo chamado taxa mínima de atratividade (TMA), nada mais que a taxa de juros que seu parente poderia obter aplicando aquele dinheiro. No Brasil, essa taxa de atratividade é relativamente alta, sempre acima de 15% ao ano. Claro que, se seu parente usou dinheiro sacado do cheque especial, esse custo (a ser remunerado como uma taxa de atratividade) se eleva acima de 100% ao ano.

Viabilidade de Projetos Internos

Existem vários tipos de projeto sujeitos a uma análise de viabilidade. No âmbito interno de uma empresa, por exemplo, muitos investimentos se destinam a adquirir ativos (normalmente máquinas) ou implantar processos que visam a reduzir algum custo operacional.

Tratando-se de projetos de substituição, sem muito questionamento estratégico, o risco é relativamente baixo. Chamamos essa análise de custo/benefício, onde o desembolso é facilmente identificado e o benefício é a simples redução prevista de algum custo. Todavia, mesmo essa simplicidade aparente precisa de alguma análise criteriosa, alguma pesquisa de alternativa.

O erro mais comum nesse tipo de análise é superestimar o benefício e subestimar o custo, embora o oposto também possa acontecer. Exemplos de ambos os casos:

- Projetos de terceirização de atividades, onde o custo interno total nunca é levantado corretamente, seja por falta de uma contabilidade gerencial, seja por desinteresse dos "interessados". Todo processo de terceirização implica a alteração de um cenário conhecido, com possível perda de poder. Isso gera, freqüentemente, alguma tentativa de subestimar parte dos benefícios diretos (eficiência) e das economias indiretas (reduções setoriais) da terceirização. Dessa forma, o valor nominal apresentado pelo fornecedor externo sempre parece inviável, pois costuma refletir todos os custos ocultos pela contabilidade da empresa.

- Compra de equipamentos ou instalações de ativo fixo, onde o ganho incremental não pode ser facilmente mensurado. Aqui a decisão é quase sempre política e reflete muitas vezes uma falsa estratégia. Um escritório luxuoso, por exemplo, pode não ser relevante para o cliente, mas as vendas são sempre usadas para justificar a nova aquisição. Novamente aqui falta pesquisa de satisfação, buscando determinar o que o cliente realmente quer.

- Criação de uma filial distante. Simplesmente chega-se ao conceito de "estoque perto do cliente" ou ainda de "presença local" sem realmente uma pesquisa do que o cliente requer. O custo é certo e alto, mas o benefício aqui muitas vezes poderia ser alcançado de outra maneira, talvez com uma operação logística mais rápida e uma presença local de representantes residentes, sem a necessidade de um escritório-sede. A viabilidade aqui é determinada pelo volume atual de vendas naquele território, sem uma relação clara de causa e efeito. O correto seria pesquisar do que o cliente realmente precisa. Talvez ele queira apenas um sistema de vendas mais prático, talvez queira entregas menores e mais freqüentes, talvez queira mais atenção, talvez queira outra coisa. Se a empresa pode obter o benefício (requerido pelo cliente) a um custo mais baixo (alternativas logísticas, por exemplo), então esse projeto deve ser o foco da análise e não a instalação da filial como fruto de uma vontade.

GESTÃO ESTRATÉGICA NAS PEQUENAS E MÉDIAS EMPRESAS

Observe que a parte mais complexa do processo de análise de viabilidade é a coleta de dados, mesmo quando estamos falando de projetos internos que visam substituir processos existentes. Os dois conjuntos de dados, custo e benefício, precisam ser bem identificados e quantificados de per si, antes de qualquer análise. Existem várias dificuldades para se conseguir estimar adequadamente tanto o lado do custo (atual) quando o lado do benefício (proposto ou esperado).

Em ambiente empresarial, o sistema contábil não costuma segregar os custos operacionais de forma precisa, de modo que a implantação ou terceirização de processos de substituição operacional esbarra na falta de dados contábeis completos. Isso gera uma dificuldade para comparar o custo vigente com o novo custo, seja ele qual for.

Existe ainda a questão de incluir ou não os custos fixos da empresa em novos projetos internos. A viabilidade pode ser calculada das duas formas: com e sem rateio de custos fixos. De modo geral, costuma-se imaginar que o novo projeto deve ser plenamente viável sem rateios fixos nos primeiros meses. O segundo ano do projeto deve ser suficientemente lucrativo para pagar as contas de rateio administrativo, operacional, etc. Isso não é uma regra, pois cada caso requer análise do impacto organizacional. Em sendo esse impacto irrelevante, não se deve perder tempo com o rateio de custos fixos da empresa.

Outra dificuldade para avaliar a viabilidade de investimentos internos é a própria curva de aprendizado das pessoas, sejam funcionários, fornecedores ou clientes. O vendedor de um novo sistema de informações, por exemplo, costuma acenar com um prazo pequeno de implantação, apontando assim para um benefício quase que imediato. A realidade mostra que a curva de aprendizado das pessoas sempre estica o prazo de implantação. Isso, por conseguinte, altera o prazo de aproveitamento do benefício previsto, contribuindo para tornar o investimento um pouco menos atraente.

Todo projeto se baseia em algumas premissas, sendo o tempo uma das mais importantes. Não só a passagem do tempo reduz o ganho, como também amplia o risco. Um bom exemplo disso seria o caso abaixo:

> *Um determinado sistema de processamento de informações foi comprado com base em um preço e um prazo de implantação. Essa implantação demorou muito mais que o previsto. Com o passar do tempo, o cenário se modificou e a empresa acabou sendo adquirida por um outro grupo que operava um sistema distinto. O valor investido pelo grupo vendedor não foi aproveitado na venda, portanto.*

Levando em consideração que tempo é um fator de custo e risco a ser considerado em qualquer análise de viabilidade, um menor benefício com custo igual pode ser mais interessante, se o prazo de aproveitamento é mais curto. Por outro lado, um custo inicial mais baixo, que traz um benefício ligeiramente reduzido em prazo equivalente, pode ser um bom negócio, pois também reduz o risco e facilita o aprendizado. Pode ser que, mais adiante, chegue-se à conclusão de que vale realmente à pena investir mais, porém não exatamente no mesmo formato inicialmente considerado. Com o tempo, muito se aprendeu e isso alterou o cenário operacional. Essa possibilidade, prevista ou não, vai otimizar o investimento total. Além disso, quanto mais flexível o plano atrelado ao investimento, menor o risco, maior a viabilidade.

Viabilidade de Projetos Externos

Sem dúvida que o risco inerente aos projetos externos é maior, tendo em vista as variáveis de mercado, demanda, valor, preço, comunicação, etc.

Para minimizar esse risco e aumentar as chances de viabilidade, projetos externos devem incorporar um grau muito mais elevado de pesquisa, construção de cenários estratégicos e modelagem financeira. Quando falamos de introduzir um novo produto, estamos diante de uma enorme oportunidade de sucesso ou fracasso. As variáveis estratégicas são muitas e precisam ser integradas ao planejamento estratégico da empresa.

Um novo produto, mesmo que pareça ser apenas um novo modelo de um produto existente, representa uma oportunidade importante de alterar o futuro da empresa, direcionando-a para um mercado melhor ou prevenindo ataques da concorrência. Lançar um novo produto requer planejamento, requer cautela, requer ajuda.

Muitas empresas perdem dinheiro e quebram justamente quando se preparam para ganhar mais. A falta de humildade intelectual do diretor responsável costuma ser a semente do fracasso. A história recente de empreendimentos fracassados no Brasil aponta quase sempre para um diretor arrogante. Ninguém jamais comenta isso abertamente, o problema é sempre localizado no mercado, na ação ou omissão do governo, nos custos que subiram ou mesmo no concorrente que não cooperou, fingindo-se de morto.

O histórico de fracassos de empreendimentos visando à expansão costuma incluir uma liderança intuitiva e autocrática, pouca comunicação interna, pouca pesquisa externa e, sobretudo, a inexistência de qualquer documentação de projeto.

Nessa documentação de projeto estaria incluída uma definição das etapas críticas, onde se pode perceber o rumo que as coisas tomaram e onde uma reavaliação estratégica de risco precisa ocorrer. Planejar não implica evitar problemas, mas sim antecipar reações e soluções para possíveis problemas.

A viabilidade, portanto, de um projeto externo, depende de minimizar o risco a cada passo crítico, reavaliando rumos e investimentos de modo a evitar ou reduzir os prejuízos.

Abaixo, alguns exemplos corriqueiros de projetos externos cuja viabilidade ou rentabilidade foi comprometida na raiz do processo, quando se deixou de considerar alternativas, potencial de riscos, etc.

- Despesas de marketing (campanhas, eventos, promoções) autorizadas sem a menor tentativa de se aferir o custo/benefício ou as possíveis alternativas de ação junto ao cliente.

- No lançamento de novos produtos normalmente se pressupõe um incremento de venda, muitas vezes sem considerar itens como a perda por canibalização, o incremento do custo estrutural acima do custo variável, o capital de giro envolvido, etc.

- Iniciar ações de marketing em novos segmentos de mercado sem avaliar o potencial de ganho e as alternativas de abordagem. Muitas vezes, desconhecendo o número de empresas do segmento, e suas tendências, seu histórico de negócios, etc.

- Compra de uma máquina nova (ou mesmo de um galpão) com excesso de capacidade para atender a um projeto novo de marketing, cuja produção ou logística poderia perfeitamente ser terceirizada, pelo menos em sua fase inicial.

Uma consideração final sobre análise de viabilidade: deve-se evitar a análise isolada de um único projeto de investimento, interno ou externo. Isso seria o mesmo que avaliar se devemos ou não comprar uma bela camisa que vimos na vitrine da loja.

Aspectos pessoais, emocionais ou não, devem ser atenuados ou neutralizados no processo de análise de viabilidade. Pessoas erram, especialmente quando outras pessoas não opinam. Em ambiente empresarial, cada investimento significativo precisa ser avaliado contra um conjunto de alternativas similares ou compatíveis. Vários projetos podem e devem competir ao mesmo tempo, ampliando assim a probabilidade de se conseguir uma melhor decisão. Claro que emoções podem funcionar como elementos de motivação e não devemos ignorar isso. Todavia, há que se levar em consideração se a emoção não é uma ilusão, se houve pesquisa suficiente, se fatores alheios e pessoas interessadas não estão exercendo uma influencia descabida, e assim por diante.

Conceito de Fluxo de Caixa na Análise de Viabilidade

O conceito de fluxo de caixa como elemento de avaliação de projetos de investimento é conhecido e aplicado em todo o mundo. Investimento e retorno são nomes dados aos fluxos de caixa negativos e positivos, respectivamente. Em termos de representação gráfica, temos a seguinte figura:

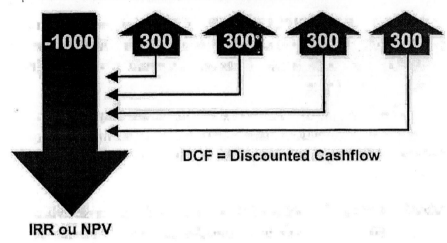

Figura 6.2 – Fluxo de Caixa.

Essa representação indica que os valores investidos (seta para baixo) são considerados negativos. Os eventuais fluxos positivos (seta para cima) são comparados com o investimento, somando-se todos os positivos e abatendo-se os negativos. Na figura acima, temos uma situação simplificada, onde o dinheiro investido é representado por apenas um desembolso. Na vida real, o investimento não acontece de uma vez, ocorrendo vários desembolsos. Por uma questão de metodologia, somam-se os desembolsos ocorridos dentro de um período contínuo. Acontece, todavia, de existir uma entrada de caixa, ou muitas, entre um e outro desembolso. Isso acontece quando o projeto é executado em etapas, com períodos de operação intercalando ampliações de escala.

No caso de investimentos empresariais, a fórmula para calcular o fluxo de caixa livre (livre para distribuir dividendos ou investir) passa pelo lucro, agregando alguns ajustes conforme abaixo:

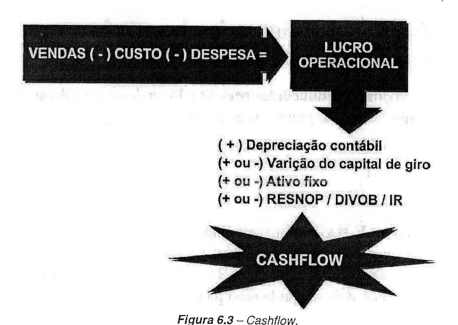

Figura 6.3 – Cashflow.

A figura acima mostra que existe uma ponte entre lucro e fluxo de caixa, formada por depreciação, variações de capital de giro, compras ou vendas de ativos fixos, eventuais resultados não operacionais, dividendos obrigatórios e imposto de renda pago.

Supondo-se que o investimento na empresa aconteceu de uma só vez, os resultados anuais subseqüentes são os fatos geradores do fluxo de caixa que vai ser comparado com o investimento inicial.

Para que possamos realmente comparar fluxos de caixa no tempo, todavia, temos que ajustá-los ao valor presente, aplicando uma taxa de desconto, um fator financeiro que reflete a taxa de juros e o grau de risco envolvido.

Métodos de análise financeira de investimentos baseados no fluxo de caixa descontado

São 3 os métodos mais difundidos pelo mundo, podendo-se aplicar todos ao mesmo tempo, no mesmo projeto, sem conflito.

a) PAY-BACK

b) NPV / MVP

c) IRR / TIR

O método do PAY-BACK consiste simplesmente em determinar o número de períodos (meses ou anos) necessários para recuperar o capital investido. Se temos dois projetos com o mesmo NPV ou a mesma TIR, podemos dizer que o melhor dos dois é aquele cujo payback é o mais curto, pois tempo significa risco.

O NPV (Net Present Value) ou MVP (Método do Valor Presente) caracteriza-se, essencialmente, pela transferência para o instante presente de todas as variações de caixa esperadas, descontadas a uma determinada taxa escolhida pelo empreendedor ou investidor.

Em outras palavras, seria o transporte para a data zero de um diagrama de fluxos de caixa, de todos os recebimentos e desembolsos esperados, descontados à taxa de juros considerada. Se o valor presente for positivo, a proposta de investimento é atrativa, e quanto maior o valor positivo, mais atrativa é a proposta.

A Taxa Interna de Retorno (IRR - Internal Rate of Return) é precisamente a taxa de desconto que zera um fluxo de caixa. Enquanto a taxa de desconto do MVP é um dado que deixa saldo positivo ou negativo, a TIR não deixa saldo, representando assim a medida precisa de rentabilidade do investimento.

Também chamada de taxa de remuneração do capital, a TIR deve ser comparada com a TMA para a conclusão a respeito da aceitação ou não do projeto. Uma TIR maior que a TMA indica projeto atrativo. Se a TIR é menor que a TMA, o projeto é considerado inviável.

Conceito de taxa mínima de atratividade (TMA)

A TMA é a taxa financeira de retorno a partir da qual o investidor considera que está obtendo ganho e que, portanto, é maior que seu custo de captação.

Uma derivação do conceito de TMA é que o capital necessário ao investimento empresarial pode ser obtido via financiamento bancário, desde que o custo desse financiamento incremental seja inferior ao retorno obtido pela atividade da empresa.

Em outras palavras, se um negócio rende 25% ao ano, um investimento em nova linha de produção pode ser financiado a uma taxa de, digamos, 15%, pois o ganho aproximado de 10% ainda interessa ao acionista. No jargão do mercado, isso se chama alavancagem e significa que o dinheiro de fora pode ser usado para alavancar um processo de expansão, gerando um ganho marginal para o acionista.

Fluxo de caixa e imposto de renda

A carga tributária representa um ônus real, cujo efeito é o de reduzir o valor dos fluxos monetários resultantes de um dado investimento. Isto ocasiona, muitas vezes, a transformação de projetos rentáveis antes da consideração de sua incidência em antieconômicos quando o imposto de renda for levado em conta. Portanto, torna-se importante a inclusão do imposto de renda na análise econômica de projetos.

O imposto de renda incide sobre o lucro tributável da empresa que, por sua vez, é influenciado por procedimentos da contabilidade da depreciação, que visam a assegurar condições para a reposição dos ativos fixos da empresa, quando isto se tornar necessário à continuidade das operações. Por esta razão, a legislação tributária permite às empresas deduzirem de seu lucro anual a correspondente carga de depreciação para fins de cálculo do imposto de renda.

Nem sempre o lucro contábil é igual ao lucro tributável, ou seja, aquele sobre o qual incide a alíquota do imposto de renda. Apurado o resultado contábil, neste deverão ser feitos alguns ajustes, chamados de inclusões ou exclusões.

Projetos que demonstram prejuízo (lucro tributável negativo)

Determinadas alternativas de investimentos podem apresentar, normalmente no primeiro ano, um efeito contábil de prejuízo. Isso pode não ser tão ruim quanto parece, tendo em vista que o projeto aqui vai contribuir para reduzir o imposto de renda a ser pago.

De qualquer forma, o impacto do IR na análise de viabilidade de qualquer projeto deve ser restringido ao efeito caixa, reduzindo ou, no caso aqui, otimizando o fluxo de caixa a ser incluído no processo de análise de viabilidade.

Começar um projeto no último trimestre, por exemplo, pode ser parte de uma estratégia de planejamento fiscal para empresas que operam sob o regime de lucro real. O valor investido no projeto que puder ser lançado como despesa no final do ano vai receber o benefício fiscal (redução do IR), mas a análise do investimento precisa ser integral.

7

Planejando Novos Negócios: Roteiro Simplificado

Todo mundo já ouviu falar de **business plan**, um pacote descritivo que se prepara na apresentação de um projeto de novos negócios. Seja novo ou uma revisão, na realidade qualquer projeto de negócio deve envolver uma metodologia (padrão internacional) de narrar o que se pretende vender, por que, para quem, onde, por quanto e assim por diante. Como esse formato é requerido em qualquer solicitação de financiamento ou mesmo para vender o negócio ou adquirir novos sócios, inserimos aqui um roteiro simplificado para sua adaptação. Importante lembrar que um plano ou projeto de negócios é uma checklist de pontos estratégicos, que não deve ser evitada, mas sim auditada, talvez por um consultor externo ou executivo experiente.

Um projeto de negócios, portanto, visa a cobrir as diversas etapas de análise do ambiente e do valor que se pretende oferecer ao mercado. A melhor forma de se explicar um projeto de negócios é listar o roteiro de sua apresentação, onde cada etapa é auto-explicativa. Ao fim do roteiro, as planilhas financeiras apenas refletem uma quantificação do projeto. Essa quantificação só faz sentido se o projeto fizer sentido, se houver a convicção de que existe um espaço no mercado para o produto ou serviço que se pretende vender. O roteiro de apresentação visa justamente a construir essa convicção.

Sumário Executivo

Esse resumo do plano, embora colocado no início, será sempre escrito ao fim do processo de planejamento.

O conteúdo desse sumário vai depender dos objetivos do plano. Se existe a necessidade de vender uma idéia a investidores externos, o enfoque deve ser a tecnologia empregada, vantagem competitiva, crescimento previsto do mercado e/ou do share da empresa. Por outro lado, se o plano visa ao público gerencial interno, esse sumário deve destacar os avanços pretendidos em vendas, margem, market share, etc., e, sobretudo, mencionar os caminhos propostos, a forma de apoiar os avanços. Tudo isso precisa ser descrito de forma objetiva e consistente, ainda que superficial, pois os detalhes estarão em outras páginas e planilhas.

De qualquer forma, um gráfico de vendas e lucro para os próximos 3 anos deve constar do sumário executivo. Projetos novos, estratégia de marketing, mudanças de conceito, etc., devem aparecer de forma simplificada. Lembre-se de que o objetivo de cada tópico de um sumário é direcionar o leitor para uma ou outra página do trabalho, onde esses dados sintéticos estarão detalhados.

Objetivos

Aqui, deve-se listar alguns objetivos quantificados, tais como um crescimento de 5% em vendas de determinado segmento ou território, uma evolução mensurável no índice de satisfação de clientes, uma redução de custos de produção ou uma melhoria no preço médio dos produtos, etc.

Embora os objetivos aqui devam ser poucos para mais à frente destacar sua priorização, a forma de realização deve estar contida e detalhada no plano. As relações de causa e efeito entre as iniciativas gerenciais e os resultados aqui destacados devem aparecer no detalhamento do plano, assim como a metodologia de apuração dos resultados a ser empregada mais adiante. Lembre-se: nada pior para a credibilidade executiva que um objetivo declarado que não pode ser monitorado de forma confiável. Assim sendo, não se pode aqui listar objetivos qualitativos e nebulosos, sem chance de verificação. Se alguém mencionar como objetivo uma melhoria no clima organizacional, por exemplo, isso deve ser traduzido em números, alguma forma de medição que possa ser executada a qualquer momento. Vale aqui a regra de ouro da qualidade: se não pode ser medido, não pode ser melhorado.

Missão

Embora o quadro "nossa missão" que costumamos ver na parede de qualquer agência bancária seja muito parecido com qualquer outro que encontramos no andar da diretoria de uma fábrica de parafusos, num hospital ou supermercado, ainda existe espaço para um bom uso dessa oportunidade de comunicação. Qualquer que seja a escolha de palavras, elas devem ser simbólicas, devem despertar sentimentos positivos, especialmente entre os colaboradores. Esse simbolismo será alcançado via campanhas internas de motivação, onde as palavras estarão associadas a projetos específicos de marketing, atendimento ou qualidade, com metas e recompensas definidas para os envolvidos. Observe que as palavras usadas no quadro são menos importantes que a percepção das pessoas que precisam acreditar nelas. Por outro lado, se o objetivo do "mission statement" é apenas impressionar banqueiros e fornecedores da empresa, peça uma cópia de seus quadros, troque um par de vírgulas e compre uma moldura mais a seu gosto.

Fatores de Sucesso

Aqui, se deve listar 3 ou 4 itens estratégicos que vão garantir o sucesso da empreitada, se estamos tratando de uma empresa que parte do zero. No caso de uma empresa já em andamento, além de mencionar os fatores de sucesso já testados e estabelecidos, apontaremos também o que vai ser priorizado no próximo ano ou ao longo do período de planejamento, que pode ser 3 ou 5 anos. Na prática, esse foco talvez seja ajustado na próxima rodada de planejamento, daqui a 12 meses, mas isso não deve gerar conflito. O mundo tem o direito de mudar e a empresa não tem a opção de ignorar isso.

De modo geral, os fatores de sucesso devem fazer parte da comunicação institucional da empresa, algo que faça sentido para clientes e colaboradores. No caso de uma empresa de serviços, a satisfação do cliente precisa estar entre essas 3 ou 4 prioridades. Se estamos falando de uma empresa que produz queijo branco, o frescor e a qualidade do produto não pode ficar de fora dos fatores de sucesso. Se estivermos falando de um restaurante, o asseio da cozinha deve ser ressaltado, visitas devem ser encorajadas, etc. Se o negócio está no show business, um fator de sucesso seria atrações máximas naquele segmento, a garantia de que o concorrente não conseguiria artistas mais famosos. Claro que isso só pode ser incluído nos fatores de sucesso se houver um real motivo, uma garantia de realização. Em show business, seriam contratos assinados, por exemplo. O importante aqui é que um negócio, qualquer negócio, precisa oferecer algo a mais ao mercado em que atua para alcançar sucesso.

Estrutura Física e Legal

Aqui você deve listar todas as pessoas jurídicas que fazem parte do Grupo, mencionar a localização de escritórios e fábricas, apontar locais, tamanho das instalações, contratos de aluguel, planos de permanência, etc. Claro que se você está falando de uma pequena empresa com apenas um escritório, isso passa a ser irrelevante. O mais importante é que esse tópico esteja integrado com todos os outros de marketing, para que a estrutura física da empresa pareça adequada, em tamanho, qualidade e localização, aos planos de penetração/ampliação no mercado.

Produtos e Serviços

Aqui você deve apresentar não só uma lista de produtos e serviços que a empresa pretender colocar no mercado, mas também detalhar os segmentos de mercado aos quais se destinam esses itens. Procure ainda explicar por que o cliente compraria seu produto. Em outras palavras, quais são as necessidades do cliente às quais seu produto ou serviço visam satisfazer.

Esse processo de listar segmentos de mercado, necessidades de clientes, aplicações de seus produtos, valor agregado, etc., pode contribuir para gerar mais alternativas de marketing, mais idéias de uso e assim por diante.

Inclua também aqui um subtópico de comparação competitiva, que vai contribuir para explicar por que o seu produto ou serviço tem realmente espaço no mercado. Que diferença positiva seus produtos/serviços oferecem? De que forma isso se apresenta ao cliente? Está claro? Essa suposta superioridade de seus produtos/serviços vai requerer um investimento em comunicação? Caso sim, aponte aqui para essa necessidade.

Literatura de Vendas

Aqui se deve listar os tipos de folhetos, catálogos, anúncios e demais peças de comunicação que serão empregados. Se tiver alguns já impressos, anexar.

Fontes de Fornecimento

De onde vem o seu produto? A que custo? Como pretende criar ou fabricar seu produto? Seus fornecedores são confiáveis? Você tem alguma vantagem aqui sobre seus concorrentes? Se você pretende fabricar (ou já fabrica), aqui vai listar suas fontes de matéria prima, eventuais garantias de fornecimento, alternativas locais e internacionais, etc.

Tecnologia

Explique como a tecnologia afeta seu negócio. Se houver uma alteração no cenário tecnológico, de que forma você pretende reagir? Seu produto é patenteado? Quando expira essa patente? Seu produto é de baixa tecnologia? Existe a possibilidade de que sua utilização se torne obsoleta? Sua empresa faz algum tipo de pesquisa tecnológica? Seu concorrente emprega uma tecnologia similar? De que forma a internet pode ajudar ou afetar o seu negócio?

Seus funcionários estão qualificados para absorver eventuais mudanças na tecnologia de trabalho? Dificilmente o cenário tecnológico pode ser ignorado, mesmo se você vende carne em um açougue ou opera um quiosque de cigarros. No primeiro caso, geladeiras com porções pré-embaladas podem ser colocadas na mercearia do lado de seu açougue. No segundo caso, uma vending machine pode ser instalada no canto da cafeteria do outro lado da rua, funcionando 24 horas e gerando um hábito de compra de seus consumidores. Portanto, essa avaliação tecnológica não se trata de física nuclear e sim de novos hábitos e expectativas de consumo da sociedade.

Futuros Produtos ou serviços

Use esse tópico para apresentar sua visão de futuro, sua resposta a possíveis ameaças da concorrência, sua aposta de crescimento, etc. Seus planos de abrir novas filiais, usar a internet, contratar uma nova equipe de engenheiros, penetrar novos segmentos de mercado, etc., tudo deve ser mais ou menos detalhado aqui, conforme sua estratégia.

Sumário de Mercado

Sem entrar em muitos detalhes, aqui você descreve o mercado alvo de seus produtos e serviços, explicando a razão de ter escolhido esse grupo de clientes. Alguns possíveis motivos seriam o potencial de crescimento, sua competitividade mais forte aqui, sua localização privilegiada para esse segmento, etc.

Um subtópico de segmentação do mercado cabe aqui, acrescentando-se as estratégias diferenciadas para atingir cada segmento. Não se esqueça de explicar por que um segmento difere do outro, quais são as características que o fazem constituir um objetivo diferenciado. Geografia, faixa de idade, classe social, etc. são fatores típicos de segmentação no mercado de consumo. Tecnologia, porte da empresa, logística de produção, etc. são fatores de segmentação no marketing industrial, por exemplo.

Tendências de Mercado

O que está acontecendo no mercado que você atinge ou pretende atingir? De que forma isso vai afetar sua estratégia? Cada ramo de negócio tem uma tendência e você precisa estar atento, pronto para adaptar seu negócio e se manter na mesma posição ou avançar. Esteja ou não buscando um financiamento, essa percepção estratégica é uma necessidade.

Concorrência

Descreva aqui como funciona o seu mercado, os hábitos de compra e venda, de que forma seus concorrentes funcionam, se fornecem exatamente as mesmas coisas que sua empresa, se concorrem todo o tempo ou apenas em função de alguma atividade temporária, etc.

Seus concorrentes, parciais ou plenos, devem ser aqui listados. Acrescente uma análise de sua força e rumo.

Valor e Preço

Aqui se define a estratégia de qualidade, posicionamento dos produtos, preço e merchandising. Possivelmente um mix de vendas faça parte desse conjunto de informações, especialmente se sua empresa opera no varejo. Explique aqui por que decidiu por um posicionamento de qualidade e preço X e não Y. De que forma isso se diferencia de sua concorrência? De que forma você imagina que eles vão reagir? Quais os cenários previstos de volume por nível de preço?

Daqui deve derivar sua previsão de vendas, com volumes, preços e margens por produto, canal, embalagem, etc. Não se esqueça de que preço é valor traduzido em moeda. Se não houver valor ou se o valor não for adequadamente percebido, o preço vai parecer sempre caro. Errar no preço inicial é normal e isso pode ser corrigido, mas errar na proposição e na comunicação do valor pode ser fatal para o projeto.

Estratégia e Táticas

Aqui você deve definir sua estratégia global de mercado e listar algumas táticas principais e planos de ação (programas de vendas, campanhas, lançamentos, etc.)

de forma hierárquica, como abaixo. Daqui se deriva todo o conjunto de despesas de venda, marketing, distribuição, etc.

Figura 7.1 – Estratégia e Táticas.

PLANEJAMENTO FINANCEIRO E MODELAGEM DE LUCRO

O processo de planejamento empresarial, como já vimos em capítulos anteriores, deve ser integrado e interativo, do começo ao fim. Desde a etapa de análise do entorno até o fim (cálculo do fluxo de caixa descontado para estimar o valor da empresa), a natureza do trabalho requer que cada gestor seja capaz de entender a informação que recebe e de assumir responsabilidade pela sua validação. Isso significa que cada usuário da informação vai automaticamente criticar a informação recebida, num processo contínuo de análise de viabilidade. A cada etapa do processo de planejamento, temos um cenário "insumo" e um cenário "produto". Cada etapa agrega novos elementos, e, conforme o resultado processado, o cliente/fornecedor interno precisa refazer e submeter novamente. Na prática, isso pode levar vários dias, várias semanas, indo e voltando.

A implantação de uma base primária de dados de mercado e de um processo organizado de projeção de cenários operacionais deve ser uma prioridade estratégica da empresa. Não basta criar essa base primária, é preciso ainda assegurar a existência de rotinas de proteção, atualização e aplicação (qualitativa e temporal) desses dados.

Sabemos que existe uma forte resistência nas pequenas e médias empresas à implantação de um processo de planejamento. A personalização de todas as atividades torna difícil convencer as pessoas a criarem bases de dados com o que existe na cabeça delas. Elas acham que os dados em sua cabeça são pessoais e, portanto, se sentem mais seguras mantendo-os consigo. A partir dessa atitude, a empresa se transforma num arquipélago de ilhas de conhecimento, sem integração sistêmica. Dessa forma, todo o processo é abortado na raiz, o que fortalece a convicção de que planejar seria bom, se fosse possível. Como reverter isso?

Integração gerencial requer comunicação interpessoal contínua baseada em um conjunto partilhado de informações validadas. Todos precisam entender a mesma coisa. Começando por uma contabilidade gerencial, os números da empresa (e o significado desses números) devem ser a base do diálogo. É muito comum o diálogo informal entre diretores, onde as impressões são passadas de um para outro e imagens mentais são formadas sem qualquer registro posterior, especialmente em relação a mercado, clientes e projetos. Essa falta de organização de dados quebra a consistência da primeira etapa do processo de planejamento estratégico, onde nasce o planejamento econômico e financeiro.

Por outro lado, a idéia de que planejamento financeiro é função do diretor financeiro é prejudicial à empresa, porque gera uma falta de responsabilidade estratégica por parte dos outros diretores que decidem marketing, vendas, logística, produção, etc. É preciso que todos se envolvam desde o início, todos compartilhem os dados disponíveis, todos busquem o aperfeiçoamento desses dados e todos respondam pelo resultado do trabalho.

Para melhor avançar nesse capítulo, vamos dividi-lo em 5 etapas:

- Estratégia de Volume e Escala
- Estratégia de Preço e Cliente
- Orçamento Operacional
- Modelagem de Lucro
- O Valor do Negócio

8.1 - Estratégia de Volume e Escala

A primeira linha do planejamento financeiro da empresa (budget) é **volume**, que significa a quantidade de itens (ou horas de consultoria ou atendimentos ou diárias de hospedagem, etc.) a vender. Esse volume está ligado aos objetivos estratégicos no mercado em que atua ou pretende atuar a empresa.

A segunda linha é **preço**, sendo **vendas** uma resultante dessa multiplicação. Não se deve jamais queimar etapas e orçar vendas diretamente. O orçamento de volume está ligado a uma estratégia de mercado e de escala, enquanto que preço é uma variável com múltiplas camadas que refletem a cadeia de valor e as diferentes abordagens táticas em cada segmento de mercado. Em suma, são dois bichos bem diferentes, com impactos também diferentes no lucro.

Para entender o processo de formação da variável volume, precisamos retroceder no tempo, identificando a gênese do processo, localizada na estratégia adotada.

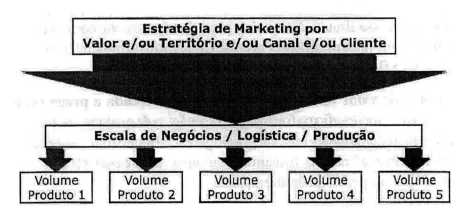

Figura 8.1 – Cenários de Estratégia.

Na figura acima, os cenários de estratégia condicionam o porte, a localização e a complexidade da escala empresarial que vai ser empregada para produzir e entregar os volumes físicos de produto.

Estratégia de marketing por valor cobre uma série de atributos do produto, do seu posicionamento à sua apresentação. Significa, por exemplo, se o produto vai ser de couro ou plástico, popular ou topo de linha, se vai ter embalagem funcional ou de luxo, se será vendido a granel, se vai agregar serviços de manutenção, se vai haver várias apresentações e modelos, se vai requerer merchandising, displays ou outra forma de apoio de ponto de venda, etc.

Evidentemente, tudo isso vai alterar o preço, mas não estamos tratando disso agora. Estamos tratando de dimensionar a escala total de produção e comercialização que, mais adiante, vai gerar informações para calcular o custo. Custo não forma preço isoladamente, mas precisamos conhecê-lo de forma estrutural, até para desenvolver estratégias alternativas de fornecimento, hipóteses de terceirização, importação, etc.

Quando falamos em território, canal e cliente, estamos tentando prever a logística comercial, a localização de processos de armazenagem, a rede de transporte, a presença de pessoal nosso, a nomeação de terceiros, etc. Tudo isso poderá afetar o tamanho da escala e o nível de custo unitário, que por sua vez vai afetar a margem, que vai influenciar o lucro, qualquer que seja o volume. Toda essa simulação (modelagem) de números vai confirmar ou não a estratégia, que poderá então ser revista. Como já dissemos antes, o processo é interativo e flexível do começo ao fim.

Essa matriz de **valor *versus* custo, volume vs. mercado** e **preço vs. lucro** representa o maior desafio na formatação estratégica de qualquer empresa, e sua modelagem contínua requer uma integração gerencial muito forte entre marketing, produção, vendas e finanças. Insistimos mais uma vez que essa integração é fator crítico para a competitividade da empresa.

Uma parte importante do processo de definir escala é a análise do ponto de equilíbrio econômico, que leva em consideração o custo da escala e sua absorção pelo volume de produtos que pode ser colocado no mercado. Esse ponto de equilíbrio flutua conforme o tamanho da escala inicial de operações. O ideal é que essa escala inicial não seja tão grande a ponto de exigir um volume impossível, mas pode acontecer que uma escala modesta não seja viável ou mesmo disponível. Existem negócios que não podem sequer começar a produzir com uma escala modesta. O exemplo mais óbvio desse tipo de negócios é uma montadora de automóveis. A fábrica da Mercedes Benz em Juiz de Fora, por exemplo, amargou durante muito tempo uma ociosidade (escala muito acima do volume de vendas) enorme.

Qualquer negócio pode se beneficiar de uma análise de ponto de equilíbrio. Uma loja de varejo que vende roupas no shopping tem seu custo fixo mensal que precisa ser amortizado no volume de peças vendidas. Conforme o tamanho da loja, o custo cresce e o produto vendido precisa ter margem e volume que viabilizem a loja.

Relembrando a fórmula de cálculo do ponto de equilíbrio (break-even point):

> ### *Custo Fixo / (Preço de Venda - Custo Variável) = Volume*

Por custo fixo entende-se aqui o valor das despesas mensais que precisam ser pagas, mesmo sem vendas. Divide-se esse total pela margem de contribuição, que é a resultante da conta preço menos o custo acima. O resultado dessa divisão será o volume no ponto de equilíbrio. Esse volume pode ser de produtos, horas de consultoria ou diárias de hospedagem. O raciocínio envolvido aqui pode (e deve) ser perfeitamente aplicado em qualquer negócio do mundo, seja uma fábrica de sabonetes, um restaurante ou mesmo um hospital. Todos precisam produzir volumes de negócio com margem média adequada para custear a escala.

Normalmente, um pequeno e novo negócio (ou divisão de negócios) não consegue alcançar seu ponto de equilíbrio mensal antes de 3 ou 4 trimestres, fechando o primeiro ano com perda acumulada. O volume de ponto de equilíbrio acontece em algum ponto do segundo semestre, mas ainda não consegue amortizar as perdas do primeiro. Estamos falando de um negócio bem planejado e bem executado, com sucesso.

A estratégia de volume de uma vídeolocadora, por exemplo, está ligada ao ponto comercial em que se instala. Se o local está cercado de prédios com moradores de classe média, o volume de locações de filmes pode ser estimado pela população residente num raio de 1500 metros, por exemplo. Atenção: pessoas mais ricas não alugam mais filmes. Por outro lado, pessoas mais pobres alugam menos filmes.

Soubemos de um caso de uma loja que se instalou no shopping mais caro de São Paulo para vender produtos de beleza e perfumes consumidos pela classe média. O investimento nunca foi recuperado, porque pessoas mais afluentes possuem hábitos diferentes daqueles típicos da classe média, que compra em mais volume. Quem montou o negócio não correlacionou o ponto com o produto, provavelmente movido pela emoção de ter uma presença em local elegante, ao lado de gente colunável.

Nossos trabalhos de consultoria mostraram que muitos investimentos são feitos com muita emoção e pouca estratégia. Gerar volume depois que um negócio está instalado e funcionando pode ser muito caro. Um trabalho de pesquisa e uma discussão prévia com profissionais e pessoas isentas pode custar muito mais barato que um ano de investimentos físicos, financeiros e emocionais. Além do tempo perdido, que não volta.

No caso de um hotel, para citar outro exemplo, a estratégia de volume contempla a existência de certos fatores de atratividade por perto, tais como eventos, empresas, pontos turísticos ou aeroportos. A decisão do tamanho do hotel, todavia, não vai depender apenas disso. Existem mecanismos conhecidos para gerar volume de hospedagem com base em divulgação internacional, seminários no local ou mesmo convênios com empresas aéreas e agências de turismo. Claro que um hotel com 2000 quartos vai requerer um esforço muito maior para ser mantido cheio. Os fatores geradores de volume precisam ser vários, incluindo um conjunto de atrações que se possa criar dentro do terreno. Bons restaurantes, pista de dança e eventos musicais poderão fazer parte desse mix que vai atrair pessoas bem relacionadas e potenciais referências para hospedagem.

Para uma empresa atacadista, que apenas compra por atacado e distribui no varejo, não importa sua localização, desde que o custo de transporte na ponta de venda seja o mais competitivo possível. Afinal de contas, os custos logísticos são variáveis na ponta de distribuição, mas um mínimo de volume precisa existir para que o drop size (tamanho da entrega) possua margem suficiente para justificar cada ponto de parada no trajeto do caminhão.

Um consultório médico, por exemplo, pode ter uma estratégia de volume baseada em referência de outros profissionais, desde que exista uma especialidade reconhecida pela comunidade dos pares. Para tanto, há que se considerar um alto investimento em vida cultural, atividades intelectuais, congressos e seminários, para que o profissional especialista seja conhecido e reconhecido como um dos melhores.

Podemos citar aqui milhares de exemplos, com todas as estratégias apontando para o bom senso. Todos esses exemplos mostram que volume é a primeira preocupação de qualquer negócio. Sem volume, não se paga o investimento inicial, fixo. A lucratividade vem em seguida, com mais volume e estratégias de preço.

8.2 - Estratégia de Preço e Cliente

Preço é a variável de trabalho mais complexa de qualquer negócio e requer o mais alto grau de informação estratégica e envolvimento gerencial na empresa. A decisão do nível de preços não é necessariamente relacionada ao custo, não é relacionada ao desejo do cliente, não é relacionada ao volume produzido, não é relacionada à tecnologia empregada. Tudo isso influencia e precisa ser levado em consideração, mas a decisão de preço precisa estar ligada a um plano mais amplo. Muitas empresas existem onde o responsável pelo preço está na área financeira, o que pode fazer do preço uma função do custo contábil. Por outro lado, muitas vezes o preço é uma decisão de vendas, o que também pode ser prejudicial ao futuro da empresa. É preciso construir uma estratégia que esteja ligada ao mercado, ao tamanho da escala e ao crescimento esperado.

Sugerimos um comitê para planejar preços, que deve incluir estrategistas de marketing, gerentes de vendas, analistas de custo, pessoal de logística e algum elemento externo, consultor ou amigo com visão abrangente do ramo. Nunca o preço deve ser decisão de uma só pessoa, seja quem for. Mesmo o dono da empresa deve envolver mais gente para opinar.

Além disso, alguma forma de pesquisa sólida de mercado deve integrar a base de informações para se definir estratégia de preço. Por pesquisa sólida queremos dizer um trabalho profissional, não um conjunto de opiniões e boatos ouvidos por representantes comissionados com base em faturamento. A propósito, jamais se deve pagar comissões com base em preços faturados. Veja o segmento mais adiante que trata de clientes.

Voltando aos conceitos já expostos nos capítulos anteriores, preço é algo que não pode existir sem valor. **Preço é valor traduzido em moeda.** Já que estamos iniciando a transição conceitual de valor para preço, precisamos agora definir **empresa**, pois ela é necessária para faturar o preço, que é a base econômica sobre a qual se apóia a criação, o desenvolvimento e a sustentação da marca.

O Que é Uma Empresa e Para Que Nos Serve?

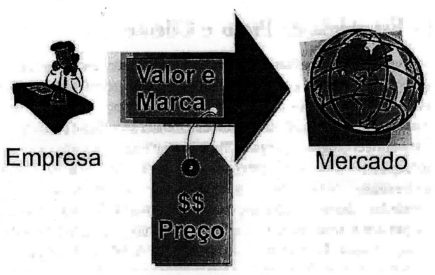

Figura 8.2 – Definição de Empresa.

Não se precisa de uma empresa para montar um armário, produzir um sabonete ou mesmo vender um saco de batatas fritas. Tudo isso pode ser feito por uma pessoa física, em sua casa ou na rua. Essas atividades e outras semelhantes requerem apenas mão-de-obra e um pouco de conhecimento. Uma pessoa, ou uma família, consegue se organizar em torno de uma produção em formato artesanal e pode até viver disso. Aqui se aplica o mesmo raciocínio mercantilista que vimos anteriormente. Custo variável mais uma parcela de margem para formar preço é um conceito bastante simples de ser aplicado.

Uma empresa se faz necessária para operacionalizar essas atividades de forma consistente, com volumes crescentes, dia após dia, ano após ano. Uma empresa

Capítulo 8 – Planejamento Financeiro e Modelagem de Lucro | 95

também se faz necessária para fazer isso com qualidade, percepção de qualidade (valor) e lucro. Uma empresa se faz necessária para criar e manter uma **cadeia de valor** que funcione de forma autônoma e que fique depois da aposentadoria do fundador, gerando renda para seu sustento e de sua família.

Como transformar qualidade percebida (valor) em lucro? Através de uma precificação adequada, uma estratégia de preço. Para explicar isso, temos que percorrer o caminho da formação do lucro.

Para a maioria das pessoas, lucro é uma vantagem transacional, um ganho que se calcula de forma nominal ou percentual. Em outras palavras, comprar por 10 e vender por 20, seja lá em que moeda for, significa lucrar. As pessoas se referem a esse ganho como um lucro. Todavia, essa transação por si não tem nada a ver com lucro, não explica preço e não ajuda o empresário a entender gestão empresarial.

Essa visão mercantilista simplificada deixa de levar em consideração dois grandes fatores estratégicos: a escala empresarial da operação e a continuidade dos negócios. Esses dois fatores representam toda a diferença entre uma operação comercial simples (compra e venda) e uma atividade empresarial. Comprar por 10 e vender por 20, isoladamente, não depende de muitas pessoas, não requer investimento em prédios, máquinas ou veículos e, sobretudo, não prevê uma estratégia de marketing, ou qualquer coisa de longo prazo. Uma empresa, por outro lado, precisa do longo prazo para crescer.

Explicar que uma empresa requer investimentos tangíveis (prédios, máquinas, etc.) parece mais fácil do que justificar a necessidade de uma estratégia de longo prazo e dos investimentos decorrentes em marketing. Novamente, a visão mercantilista que associa lucro a operações simples de compra e venda limita a percepção do que vem a ser um negócio de longo prazo, uma empresa inserida no mercado regional, nacional ou mundial.

Um bom exemplo de como uma visão mercantilista de curto prazo pode contribuir para a destruição de uma empresa é justamente o preço com margem excessiva que se pode cobrar no começo das operações, em alguns casos e em alguns lugares. Quando se importa um produto novo, quando se instala um negócio novo, quando se goza de monopólio, costuma-se abusar do cliente. O resultado disso é um desgaste que aparece quando um concorrente chega e reduz o nível praticado de preços. O cliente se vinga, rejeitando o primeiro fornecedor e acolhendo o segundo, mesmo sem ganho significativo. A continuidade dos negócios é ameaçada, o sucesso da empresa fica imediatamente comprometido. O truque aqui é cobrar menos do que se pode, tornando menos fácil a invasão de seu mercado por um concorrente afoito. Uma boa idéia, em muitos casos, é ter dois níveis de preço, dois modelos de produto. Começa-se com um mais caro e logo se introduz o inferior em preço, com qualidade similar, talvez com uma aparência mais simples. Dessa forma o ganho inicial fica e a continuidade é garantida.

Toda empresa, com raras exceções, possui mais de um cliente. Esses clientes podem estar no mesmo segmento ou não, podem estar na mesma região ou não, podem ser do mesmo tamanho ou não. Em havendo um número elevado de clientes, provavelmente vai se verificar, pela Lei de Pareto, que a maior parte de suas vendas advirão de cerca de 20% dos clientes. O quadro abaixo mostra a distribuição de volume físico que ocorre em apenas cinco clientes de uma empresa, representando cerca de 70% de sua venda:

Planejamento de Volume					
	Cliente A	Cliente B	Cliente C	Cliente D	Cliente E	
Produto 1	470		175	60		355
Produto 2		220			140	360
Produto 3	200			330		530
Produto 4	350		230			580
Produto 5		280			230	510
Total	670	500	405	390	370	2335

Figura 8.3 – Planejando o Volume.

Vamos analisar esse quadro de volume:

> *O cliente A compra mais que o B (em volume) e assim sucessivamente.*
>
> *O composto de vendas não é o mesmo para todos.*

Capítulo 8 – Planejamento Financeiro e Modelagem de Lucro

> *As margens totais (ganho por cliente) são diferentes, qualquer que seja a margem por produto.*

Levando-se em consideração os volumes distintos e o mix também diferente de compra de cada cliente, claro está que a empresa não tem o mesmo nível de margem mensal com cada um. Provavelmente o potencial de desenvolver negócios também não é o mesmo para cada um. Supondo que o negócio está no início, como podemos desenvolver uma estratégia de preço? Caso sejam clientes antigos, como faremos para melhorar a lucratividade via estratégia de preço?

Em qualquer dos casos, uma tabela fixa de preços de venda não deve ser aplicada. A formação do preço deve embutir uma camada flexível de ações comerciais (marketing cooperativo, promoção, bonificação e incentivo), sendo que o preço líquido não deve aparecer em qualquer tabela, não precisa ser conhecido. Dessa forma, uma flexibilização constante das ações comerciais vai evitar descontos, vai evitar uma guerra de preços.

Isso é menos fácil do que parece, pois exige um conhecimento do negócio, do cliente e de suas necessidades, suas oportunidades. Não basta ter foco no cliente, isso já se costuma fazer. É preciso mais, é preciso conhecer o foco do cliente, olhando por cima de seus ombros. Ao partilhar da visão do cliente, poderemos contribuir mais e antever guinadas estratégicas adiante. A força de toda empresa está em seu mercado, no conhecimento das tendências desse mercado e no lançamento contínuo de novos produtos e serviços. Mesmo sem lucro marginal, novas incursões no mercado ajudam a aprender e desenvolvem os talentos da empresa.

As rotinas de venda (consulta, cotação de preços, colocação de pedidos, verificação de estoque e prazos de entrega, etc.) podem e devem ser transferidas para a internet. Mesmo que o telefone ainda seja usado para a maior parte dos clientes, ainda assim o uso do website deve ser institucionalizado, com os vendedores internos teclando os dados no próprio site. Isso vai aumentar a transparência interna, facilitando auditoria e planejamento. Seu cliente não tem um micro, não tem gente, não tem internet? Avalie o custo benefício disso, converse com ele, financie, treine, ajude.

Depois de tornar as operações de venda mais automatizadas, empregue talentos mais voltados ao entorno estratégico do cliente, buscando desenvolver um trabalho diplomático de médio prazo. Essa transição pode levar um ano, dois ou mais, e deve ser conduzida com muito cuidado para evitar perda de vendas, sem dúvida. Estamos falando de uma construção estratégica que precisa ser acompanhada regionalmente por uma pessoa de nível gerencial, com visão do todo. O período de transição representa um investimento estratégico, a ser recuperado mais adiante.

Relembramos que o preço é quem paga as contas de vendas, de modo que a estratégia de preço estará sempre integrada ao orçamento regional de vendas com todas as ações possíveis, de forma alternativa e flexível, a serem acompanhadas mensalmente. Para fazer isso, é preciso construir relatórios gerenciais que contenham informações pós-contábeis, com re-alocação de despesas normalmente classificadas em contas gerais. Essa margem (%) que mostramos no relatório gerencial deve contemplar (deduzir) despesas de marketing feitas em função do cliente ou rateadas pelas vendas do território onde se localiza o cliente. Essas despesas podem incluir centenas de despesas normais da empresa, desde que relacionadas à sua presença no mercado. Podemos, citar, por exemplo, despesas com pessoal de vendas, telefones, internet, material visual e literatura de vendas, viagens de vendedores, participação em feiras, seminários para seus clientes, custos com embalagens, logística de entrega, formação de estoques dentro e fora da empresa, custos de financiamento dos clientes (prazo de venda), comissão de agentes e distribuidores, etc.

Preço		Cliente A	Cliente B	Cliente C	Cliente D	Cliente E		Margem
1200	Produto 1	20		275	60		355	0,65
1500	Produto 2		220			140	360	0,50
1700	Produto 3	200			330		530	0,40
1800	Produto 4	350		230			580	0,30
2800	Produto 5		280			230	510	0,30
Total		570	500	505	390	470	2435	
Margem $		468500	110200	260700	273200	298200		

Figura 8.4 – Relatório.

Observe-se aqui que o cliente E, com o volume físico menor de compra, proporciona uma margem que se coloca em terceiro lugar. O cliente B, que parecia muito menor que A, não é tão menos lucrativo assim. Para cada cenário de margem, teremos uma modificação no perfil acima. O ranqueamento de clientes por margem nominal (ganho em $) faz-se necessário para desenvolver qualquer estratégia de incentivo, seja para bonificar vendas, seja para comissionar vendedores. Nenhum pagamento de comissão deve ser feito por preço faturado, mas sim por margem de venda.

Como podemos fazer para aumentar vendas via estratégia de preço aqui? Abaixo temos um exemplo de modelo de bonificação e/ou comissionamento com base em margem de contribuição que poderá contribuir para incrementar vendas e aumentar a lucratividade. Para aplicar o conceito de bonificação (a), devemos relacionar essa tabela com o relatório de lucratividade por cliente, introduzindo elementos de cooperação comercial que sejam valiosos para o cliente. É preciso tomar cuidado para não cair na armadilha do desconto. Se o plano for apresentado por quem ou para quem não percebe ou não sabe calcular o benefício, o cliente vai preferir um belo desconto, sem plano. A dimensão (b), que trata de comissionamento, pode ser aplicada em volumes incrementais de venda, incentivando o representante/vendedor a rever o potencial de compra do cliente.

a) **Estratégia de Preço / Bonificação**

b) **Nível de Comissionamento de vendas**

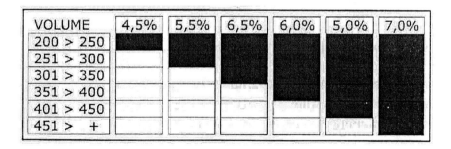

Figura 8.5 – Comissionamento por produto/cliente.

Essa bonificação pode ser convertida também em verba de marketing para atividades conjuntas com o cliente. Podemos ainda, com base no modelo acima, criar uma tabela de bonificação incremental com base no crescimento de vendas versus o ano anterior. Isso vai contribuir para aumentar a fidelidade, pois o cliente vai pensar duas vezes antes de colocar um pedido no seu concorrente.

Todas as análises de preço, margem, lucratividade por cliente e outras requerem uma cooperação que precisa ser incentivada entre finanças e marketing. Na empresa em que a função de marketing é desempenhada pelo diretor comercial, este precisa disponibilizar tempo pra conversar com finanças. Preço é a principal ponte entre marketing e finanças e a principal razão para que essas duas áreas trabalhem em sinergia.

O cálculo do preço requer uma troca constante de informações estratégicas entre as equipes de frente, em contato com o mercado (clientes e concorrentes), e as equipes internas: analistas de custos, engenheiros de produção, encarregados de compras e demais geradores de informação relacionados à **cadeia de valor**.

A cadeia de valor de uma empresa, recapitulando, é o conjunto de custos e despesas que se transforma em bens ou serviços que valem mais do que a soma desses custos e despesas. E por que valeriam mais? Pela tecnologia aplicada, pela venda oportuna, pela entrega pontual, pela garantia de qualidade pós-venda, pela percepção de prestígio da marca, etc.

8.3 - Orçamento Operacional

A tecnologia de orçamento empresarial ainda engatinha na maioria das pequenas e médias empresas. A simples noção de que o orçamento financeiro começa com uma linha não monetária (volume) ainda é novidade para a maioria.

Propomos que, ao iniciar a implantação de um processo orçamentário na empresa, que se faça isso com todos os benefícios que o justifiquem. Um dos maiores benefícios de um orçamento é justamente clarear a questão da responsabilidade gerencial.

> *Responsabilidade gerencial significa autoridade para contratar, capacidade para decidir e coragem para assumir riscos.*

Trocando em miúdos: não deve existir na empresa qualquer cargo gerencial sem autoridade claramente definida (escopo e valor) para assumir compromissos pela empresa, e não deve existir gerentes sem capacidade e coragem. O título de assessor pode ser usado para pessoas que conseguem opinar, mas não conseguem decidir.

Revendo a definição, portanto: cadeia de valor nada mais é que uma cadeia de gestão eficiente, conduzida com responsabilidade. Se o processo orçamentário for organizado em torno das cadeias de valor e essas coincidirem com os centros de responsabilidade, então poderemos melhor acompanhar a criação do valor.

Comecemos por volume e pela escala montada para atender esse volume físico de vendas. Supondo um nível estável de estoques, é claro que a escala não se altera com cada unidade produzida e vendida, seja para cima ou para baixo. Existe uma faixa de operação mais ou menos fixa, chamada de intervalo relevante. Dentro desse intervalo se situam os volumes orçados de vendas de um período, que pode ser um mês, um trimestre ou um ano. Para introduzir novos produtos ou volumes adicionais significantes, provavelmente teremos que aumentar a escala, contratando mais gente ou mais turnos. Dentro do intervalo operacional relevante, um custo unitário por item vendido pode ser calculado; havendo incremento de volume sem ampliação de custos de escala, o custo unitário cai. No contexto da cadeia de valor, a administração dessa escala está ligada ao custo de estoques, ao desperdício de material, ao custo de pessoal e aos custos de operação da fábrica física. Um nível ótimo de produção contínua consegue capturar toda a eficiência possível, enquanto que os hiatos e as falhas de processo aumentam o custo unitário. Essa performance deve ter um nível de orçamento normalmente refletida no custo unitário de produção, de modo que a comparação com o resultado real possa demonstrar a qualidade da gestão.

A segunda variável, preço, tem seu próprio orçamento, que está atrelado ao volume (escala) e ao nível de atividades comerciais. É preciso refletir claramente (no somatório que compõe o preço) onde está a parcela que cobre cada atividade comercial. Se a empresa vende arroz a granel, por exemplo, o preço vai cobrir os custos até a embalagem granel. Se a empresa também vende arroz no varejo, então os custos embutidos no preço incluem atividades de promoção e marketing cooperativo, por exemplo.

A mesma empresa, operando nos dois mercados, vai ter preços distintos, e os custos de vender no supermercado não poderão ser lançados contra as vendas do granel. Essa segregação deve estar refletida no orçamento operacional.

SuperArroz
Orçamento de Abril

	Divisão Granel	Divisão SM
Volume (kgs)	50000	25000
Preço	1,1	1,9
Total de Vendas	55000	47500
Custo Unit Compra	0,8	0,8
Custo Unit Comercial	0,15	0,25
Custo Unit Merchandising		0,18
Custo Unit Mkt		0,32
Custo Unit Total	0,95	1,55
Margem por Kg	0,15	0,35
Margem Total	7500	8750

Figura 8.6 – SuperArroz.

Nessa primeira etapa do orçamento operacional, cobrimos os números até a margem total, que resulta da multiplicação do volume pela margem de contribuição unitária. Podemos afirmar que mais de 90% da complexidade de planejar está aqui representada, porque volume e preço são as variáveis de maior risco estratégico.

Mesmo no caso de uma empresa tradicional, a perda de volume é uma possibilidade sempre presente pela ação da concorrência, e a manutenção do nível de preço real requer um acompanhamento contínuo das ações e reações do cliente, da concorrência, do governo e dos consumidores.

Despesa Fixa

As linhas de despesa consideradas fixas refletem uma decisão de escala que já foi tomada. Quanto maior a escala, maior a necessidade de volume, sem dúvida. Uma forma de escapar dessa camisa-de-força é procurar manter a escala o máximo possível terceirizada e variável, para absorver as flutuações de mercado e demanda.

Normalmente, as linhas de despesa fixa incluem todas as despesas relativas ao aluguel de prédios, consumo de energia, folha de salários e demais despesas que não se alteram conforme a oscilação das vendas. Presume-se aqui que essas despesas são necessárias para a operação da empresa e, portanto, fazem parte do valor agregado ao produto.

No desenho abaixo, por exemplo, vemos um exemplo em que a Divisão D não paga qualquer parcela do custo oriundo do departamento administrativo, provavelmente porque está localizada fora da sede da empresa e possui autonomia na região onde opera.

Por outro lado, sua estrutura de despesa fixa inclui todo um setor de importação, talvez porque seja uma divisão que importa e revende, a partir de Vitória ou outra localidade portuária.

Figura 8.7 – Despesas.

Existem algumas despesas que, mesmo sendo contabilizadas no período em que ocorrem por motivos fiscais (redução de imposto de renda), possuem um impacto estratégico no preço de novos produtos a serem lançados.

Na realidade, uma contabilidade gerencial deve refletir esse adiamento da despesa, situando-a na moldura temporal da receita, depois do lançamento do produto. Dessa forma, a contribuição do novo produto ficará mais transparente na estratégia e na estrutura de responsabilidade da empresa.

Investimento Em Tecnologia

Esse conjunto de despesas inclui pesquisa, viagens, cursos, material de estudos, salários de engenheiros, enfim, tudo aquilo que vai contribuir para criar novos produtos ou melhorar a qualidade dos existentes.

No caso de despesas de marketing, a parte que pode ser alocada ao preço deve ser considerada acima da linha de margem, mas pode existir um resíduo institucional, classificado no bloco de despesas fixas do período.

Investimento Em Marketing

Inclui pesquisa, viagens, eventos, etc.

Observe-se que a fatia de preço (mark-up) que o atacadista acrescenta para vender ao boteco da esquina em Belém também faz parte do preço de seu produto, ainda que não administrada pela sua empresa. A cadeia de valor vai do fabricante até o consumidor, que, ao fim do processo, financia todos os elos envolvidos.

O custo de financiar o prazo de vendas, os estoques e tudo o que se relaciona ao capital de giro precisa ser refletido no preço.

Capital de Giro

O capital de giro inclui o dinheiro necessário para financiar compras, estoques, vendas a prazo, etc. Observe-se que uma parte do capital de giro decorre de decisões estratégicas de compra e marketing. Se o fornecedor concorda em colocar estoque em consignação, isso reduz seu capital de giro. Se sua empresa oferece prazos longos de venda, isso aumenta o capital de giro. Subestimar as necessidades de capital de giro tem sido um dos erros mais comuns na fundação de pequenas e médias empresas no Brasil. Projetar o balanço do trimestre ou semestre seguinte levando em consideração o volume e prazo de vendas é o melhor caminho para prever dificuldades financeiras. Quando crescem as vendas, a pressão por mais capital de giro estrangula o caixa da empresa, criando dificuldades até de crédito, pois os banqueiros são conservadores em sua análise. Mesmo no caminho ascendente, a empresa precisa se preocupar com o financiamento das operações.

Capital Fixo

Compreende todos os valores usados para comprar máquinas e prédios. O formato contábil universal faz com que uma parcela pequena desses valores seja apropriada mensalmente ao montante de despesas que afeta o lucro.

O orçamento de capital (conjunto de ativos fixos) resulta de uma estratégia de escala. Ao decidir pela compra de um galpão ou de uma máquina, a empresa quer garantir uma capacidade de produzir a um custo fixo e estável. Essa decisão tem que ser tomada em função do custo do dinheiro no mercado. Se houver a oportunidade de assegurar os mesmos recursos físicos sem o investimento, apenas com um desembolso mensal de aluguel, talvez seja mais viável. Preservar capital de giro pode garantir o futuro imediato das operações da empresa. De qualquer forma, alugado ou comprado, é importante avaliar se o galpão ou a máquina agrega valor perceptível pelo cliente. Lembre-se que o cliente paga por aquilo que percebe, seja produto ou serviço.

Lucro Operacional

É o valor resultante da soma algébrica de todas as parcelas acima demonstradas, desde o volume. Não significa dinheiro em caixa, significa crescimento patrimonial. Esse patrimônio pode estar distribuído entre caixa, créditos a receber, estoques, veículos, prédios, terrenos ou outros.

8.4 - Modelagem de Lucro

A etapa de modelagem de lucro reflete os diversos cenários de atividade, incluindo alterações de mix de produtos, ações comerciais diversas, além de projetos de marketing, incluindo lançamentos de produtos.

Em termos práticos, a maior parte dos exercícios de modelagem visa a demonstrar o impacto quantitativo de prováveis problemas de mercado que já despontam no horizonte e a propor ações compensatórias, a fim de manter a empresa no mesmo patamar de participação de mercado. Vejamos um exemplo abaixo, onde a tendência de perda de volume do item B força uma reação, ou seja, qualquer decisão que gere vendas incrementais em outros itens para equilibrar o faturamento. Surgiu a idéia de vender um item novo, para o qual a empresa não possui tecnologia de produção. Isso implica terceirização, comprar fora. Hoje em dia já se sabe que estratégico é o mercado, não a fonte do produto. Manter posição no mercado vale qualquer esforço. No caso de uma indústria, comprar e revender não parece fazer muito sentido, mas pode ser uma boa idéia se a tecnologia interna ou mesmo o maquinário não permitem produção própria.

Case de Modelagem Financeira / Empresa Industrial

Veja o quadro abaixo:

Projeção de 2005 com base em 2004 e Tendência de Mercado					
	2004 R$		2005 R$		
		Volume		Volume	
Preços Unitários					
a	5	19.200	5	19.200	
b	10	24.000	10	19.200	
c	20	4.800	20	4.800	
d			4	12.000	Novo Item d
Vendas	432.000	100%	432.000	100 %	Vendas
Custo de Vendas	172.800	40%	182.400	42,2 %	Custo de Vendas
Margem Bruta	259.200	60%	249.600	57,8 %	Margem Bruta
Despesa Fixa	120.000		108.800		Despesa Fixa
Despesa Variável	86.400	20%	86.400	20,0 %	Despesa Variável
Margem Operacional	52.800	12,2%	55.200	12,8 %	Margem Operacional

Figura 8.8 – Case de Modelagem.

Capítulo 8 – Planejamento Financeiro e Modelagem de Lucro

A projeção de 2005 leva em consideração as seguintes mudanças previstas:

a) O item (b) deverá sofrer uma queda de demanda em torno de 20% em volume.

Será lançado um novo item (d) com preço de R$4, volume previsto de 12 000.

b) O custo de aquisição do novo item será de 60% do preço de venda.

Sendo essa uma empresa industrial, falamos de produção terceirizada.

c) Haverá um corte na despesa fixa de 10%

O motivo do corte é justamente a redução do volume produzido internamente.

É importante deixar claro aqui que um exercício de modelagem tem como objetivo demonstrar e comunicar idéias. Essa comunicação deve ser conceitual e financeira, com números e gráficos que sirvam para compreender o que se pretende comunicar. Conversar é uma prática agradável e deve ser praticada, mas não é suficiente para tratar de projetos empresariais e tomar decisões de investimento.

No quadro acima, a hipótese de introduzir um novo produto visa apenas a manter o valor das vendas para não perder mercado. Como o novo produto não será produzido dentro da empresa, seu custo é superior. Em função da redução de volume produzido na fábrica, cogita-se a necessidade de cortar uma parte dos custos internos. Tudo isso é hipótese, dentro de uma lógica de lucratividade e posição de mercado. Existirão sempre várias hipóteses, cada uma com um conjunto flexibilizado de números. Esse "massageamento" quantitativo é a base do processo de modelagem.

Quando se possui uma idéia empresarial, seja negócio velho ou novo, deve-se colocar essa idéia em formato de plano de negócio, com todas as informações pertinentes e necessárias para avançar. Dentro de uma empresa, a viabilidade dessas idéias vai ser compartilhada ou não, difundida por quem a patrocina, combatida por quem a rejeita, comparada com outras alternativas e aceita como decisão de empresa ou não. Esse é o princípio da democracia, quando cada um tem o direito de expressar suas crenças e receios.

Muitas empresas quebram simplesmente porque o dono não respeita a opinião de seus próprios executivos. Erra quem pensa que uma empresa grande, com faturamento anual na casa das centenas de milhões de dólares, não pode quebrar. Nosso trabalho de consultoria já conheceu duas empresas nessa posição, ambas localizadas em cidades do interior. Nessas cidades pequenas, a auto-imagem do empresário pode crescer além da medida, e alguma forma de equilíbrio interpessoal precisa ser introduzida na empresa. Sem uma equipe forte, sem executivos profissionais, sócios ou contratados, o fundador não consegue que as idéias de investimento sejam debatidas de forma inteligente. Mesmo sem perceber, o fundador inibe o surgimento de qualquer idéia diferente da sua. Isso pode ser, e costuma ser, muito perigoso para a longevidade e o progresso da empresa. Qualquer processo de planejamento estratégico requer o uso intensivo de três verbos: respeitar, ouvir e debater.

8.5 - O valor do Negócio

Todo o processo de formatar números na empresa visa a avaliar o impacto de novos projetos, serviços e produtos. Como se avalia esse impacto? Existe uma tecnologia internacional, conhecida por investidores, empresários, executivos e banqueiros de todos os lugares. Estamos falando de análise de fluxo de caixa descontado, já demonstrada no capítulo 6, Viabilidade, Investimento e Retorno.

Para melhor entender a transição entre um novo projeto e essa análise de investimento, é preciso quantificar o impacto dos novos números na moldura financeira da empresa. Por exemplo, se a empresa vende via distribuidores e o novo produto requer um formato de marketing direto, estamos falando de contratar pessoas, desenvolver canais e administrar uma logística de estoque que não existia antes. Tudo isso custa e não é pouco. Normalmente, mudar o modelo de negócios não vale a pena sem um planejamento estratégico. A introdução de um novo produto pode ser uma excelente oportunidade para levar a empresa para um patamar superior de tecnologia e mercado, para um mundo novo.

CAPÍTULO 8 – PLANEJAMENTO FINANCEIRO E MODELAGEM DE LUCRO | 109

Para uma empresa que opera há anos com um determinado formato de distribuição que não mais lhe parece tão interessante, torna-se difícil migrar para um mundo melhor. Qualquer tentativa de mudar a forma de vender pode gerar um conflito impossível de administrar. Em suma, um novo produto pode ser uma oportunidade de ouro, mas isso requer cautela. Talvez não só uma nova divisão de negócios, mas uma nova pessoa jurídica.

Não é fácil trilhar caminhos novos, sem mapa e sem rastro no chão. Normalmente, é preciso criar uma estrutura de negócios segregada, com estratégia e gente nova. Em termos de planejamento estratégico, contudo, estamos falando de uma coisa só, um todo numérico a ser consolidado em uma só planilha. Para o mercado, a existência de duas ou mais empresas do mesmo grupo pode ser uma forma de administrar e evitar conflitos, mas para o desenvolvimento de uma estratégia, estamos falando dos mesmos recursos, que precisam ser sempre otimizados.

A consolidação dos números num só formato é importante para avaliar o impacto das novas estratégias, porque a linha de fluxo de caixa descontado sempre será uma só, refletindo perfeitamente os planos de trabalho, os investimentos de mercado, o capital de giro modificado, e assim por diante. Vamos examinar um exemplo em que uma empresa fabricante de produtos químicos para limpeza resolve sair de uma posição atacadista para uma posição mista, incluindo uma rede de lojas de produtos de limpeza para condomínios, com entrega ao cliente. Estamos falando de uma hipótese em que o crescimento de volume e preço ocorre em função de novos clientes diretos (condomínios) e um patamar de preço médio superior. Claro que a empresa lançou o negócio de varejo com uma marca de apelo popular, diferentemente de sua atividade industrial.

No momento atual, o cenário de planejamento 2005/2007 se coloca da seguinte maneira:

LAVAMAX PRODUTOS DE LIMPEZA
Projeção 2005/2007 - Cenário Atual

$.000´s	2005	2006	2007
Volume	1300	1400	1500
Preço	1,5	1,4	1,3
Vendas	1950	1960	1950
Custo	1170	1260	1350
Margem	780	700	600
Despesa	600	600	600
Lucro	180	100	0
F. Caixa	117	65	0

NPV @15% em dez/ 2004 = 150,9

Figura 8.9 – Lavamax Cenário atual.

Observe-se que, apesar de haver uma expectativa de incremento de volume, a queda de preço médio traz o resultado para baixo. Isso é um cenário pessimista, mas não impossível, tendo em vista o crescimento dos descontos exigidos pelos distribuidores para aumentar o volume de compras, em função da concorrência cada vez mais predatória. Se a empresa nada fizer, é esse o cenário que vai encontrar. O valor da empresa, em dezembro de 2003, é de R$151 mil, aproximadamente. A taxa de desconto aplicada foi de 15% ao ano. Note-se que o terceiro ano mostra um fluxo zero de caixa, com tendência negativa.

Abaixo, um cenário que contempla o lançamento de uma linha de produtos a serem vendidos sob uma nova marca, em uma cadeia de lojas/depósitos de varejo para condomínios e grandes consumidores.

CAPÍTULO 8 – PLANEJAMENTO FINANCEIRO E MODELAGEM DE LUCRO

LAVAMAX PRODUTOS DE LIMPEZA
Projeção 2005/2007 – Cenário Composto

$000's	2005	2006	2007
Volume	1560	1960	2400
Preço	1,8	1,96	2,08
Vendas	2808	3841,6	4992
Custo	1404	1764	2160
Margem	1404	2077,6	2832
Despesa	780	840	960
Despesa	390	420	480
Lucro	234	817,6	1392
F. Caixa	152,1	531,44	904,8

NPV @15% em dez/ 2004 = 1129,0

Figura 8.10 – Lavamax Cenário composto.

Observe-se que houve um crescimento do valor da empresa, considerando apenas os mesmos 3 anos da planilha acima. Na realidade, como aqui a curva de caixa é ascendente, temos que acrescentar uma quarta coluna com um número no mínimo igual ao ano 3, projetado para a frente. Isso quer dizer que o valor da empresa subirá bastante.

Seja qual for o cenário de varejo que vai ser consolidado com os números da empresa industrial de hoje, teremos algum efeito de aumento do preço médio e da despesa de vendas em função do aluguel das lojas. O investimento inicial de prospectar o mercado, instalar as lojas, financiar os estoques e anunciar junto aos novos clientes diretos não está contemplado aqui. O ganho projetado acima justifica um investimento superior a um milhão. Com esse plano de negócio debaixo do braço, um empresário estabelecido e competente conseguiria um empréstimo nos Estados Unidos. Aqui no Brasil, esse mesmo empresário vai precisar acrescentar algum patrimônio como garantia, infelizmente. Talvez seja esse um pedaço da explicação para a nossa estagnação econômica, e todos nós, empresários, assalariados ou meros professores, devemos exercer nosso direito democrático de criticar o governo e exigir mudanças no sistema financeiro.

9

Métricas, Mapas e Scorecards na minha empresa?

As livrarias estão cheias de novos títulos que falam de Balanced Scorecard, Mapas Estratégicos, métricas e outras palavras que fazem parte da última onda de conceitos de gestão. Medir o sucesso e o fracasso da gestão empresarial sempre foi o objetivo de qualquer empresário, mas isso antes era restrito ao universo da **contabilidade gerencial**. Nos últimos anos, concluiu-se que os aspectos humanos e de gestão do conhecimento merecem mais atenção no escopo da gestão estratégica. Aqui no Brasil, mais uma vez, temos que cortar caminho e acelerar o passo para nos mantermos mais perto do ritmo gerencial do primeiro mundo.

Nos Estados Unidos, há tempos que a contabilidade gerencial constituiu-se em um corpo de conhecimento com pernas próprias, independente e paralela à contabilidade oficial, com mais gente envolvida na gestão das empresas. No Brasil, o desenvolvimento da contabilidade gerencial tem sido muito tímido, por diversos motivos, sendo o principal deles o excesso de pessoas pagas pelo empresário para cuidar de todos os aspectos da contabilidade oficial. Não sobra dinheiro para contratar contadores gerenciais, além de não sobrar tempo para analisar o negócio da empresa. O empresário e seu contador oficial gastam mais tempo trabalhando em função das exigências do governo (em suas três esferas estanques) do que tentando gerir os números derivados das atividades produtivas da empresa.

Voltando aos novos títulos nas livrarias, falta tempo para construir a ponte entre as necessidades gerenciais da PME e as lições desses livros. São excelentes idéias, muitas delas até de fácil aplicação, desde que alguns pré-requisitos (condições organizacionais, gerenciais e culturais) possam ser encontrados. Vale pena implantar essas condições? Em nossa opinião, sim.

Embora a maioria esmagadora das empresas no Brasil funcione com uma visão de 15 dias, estamos certos de que isso pode mudar. Se queremos crescer internamente e também no mercado externo, precisamos pensar no progresso de longo prazo. A idéia de que criar bases de dados e mecanismos de gestão estratégica custa caro não é verdade. Na realidade, pouco tem que se investir, pouco existe a perder, muito se pode ganhar. Não precisamos colocar em funcionamento todos os conceitos preconizados por todos esses autores, precisamos apenas capturar o espírito da coisa, traduzindo as idéias mais óbvias e colocando-as a serviço da nossa eficiência empresarial.

Comecemos lembrando um pequeno ditado popular: o bom é inimigo do ótimo. Muita gente, ao tentar aplicar um novo conceito ou metodologia de trabalho, quer atingir a perfeição, não se contentando com menos. Especialmente com diretores inexperientes, ocorre a síndrome da receita copiada: ou o sujeito compra e aplica todos os ingredientes, seguindo à risca todos os passos da receita, ou prefere não fazer o prato, prefere ficar com fome.

A perfeição é inimiga do gerente e vice-versa. É preciso parar, pensar e se dar conta de que aquela famosa frase de controle de qualidade simplesmente não se aplica ao ambiente gerencial: Faça certo da primeira vez (Do it right the first time).

> *Nada mais improdutivo que tentar fazer certo da primeira vez. Todo campeão sabe que a perfeição não chega na primeira tentativa. Avançar, aprender e aproveitar o ganho possível é saudável e faz parte da vida. Além disso, sai mais barato.*

Dito isto, vamos em frente para tentar demonstrar como podemos aplicar algum processo importante de medição estratégica na empresa sem precisar investir uma fortuna ou gastar anos implantando pacotes de software importado.

Balanced Scorecard – Todo o processo de criar um plano estratégico só faz sentido se alguma melhoria advier de sua implementação. Isso não é coisa fácil, com qualquer nível de investimento. Para fazer a ponte entre o processo de planejar e o dia-a-dia da gestão empresarial, é necessário criar um conjunto de métricas, um sistema de aplicação e controle das providências que precisam ser tomadas para fazer a empresa chegar aonde dissemos que ela iria chegar A metodologia criada por Robert Kaplan e David Norton nos anos 90 menciona quatro áreas básicas de medição: Finanças, Clientes, Processos e Aprendizado.

Figura 9.1 – Balanced Scorecard.

Dentro desse quadro ambicioso temos que começar, de alguma forma, criando o chão gerencial que ainda não existe na maioria das empresas. Alguns indicadores mais relevantes, cuja implantação e acompanhamento merece total prioridade:

1) Margem de Contribuição (por segmento ou território)

Estamos falando de medir mensalmente quanto cada área de vendas contribui para a empresa, calculando-se o total de faturamento líquido menos custo de vendas. Esse custo de vendas deve abranger todos os custos em que se incorreu para fazer negócio, não apenas o custo contábil dos produtos vendidos. Viagens, ações promocionais, salários e comissões do pessoal envolvido, fretes, embalagens de transporte e qualquer outra despesa que não teria ocorrido se a venda não existisse. Manter essa análise uniforme não é nada fácil, porque a rotina contábil não leva em consideração a causa das coisas. Diante de uma fatura de viagem (passagem, hospedagem, etc.), o contador não pergunta por que a viagem foi feita, para visitar quem ou tratar de qual assunto. É preciso implantar um sistema de códigos que identifique o cliente ou segmento ou região que motivou a despesa, independentemente de quem viajou.

Essa medida, se aplicada de maneira uniforme ao longo de um período, vai refletir a execução comercial da empresa e deve fazer parte da estratégia de gestão de clientes chave.

Essa estratégia requer uma perfeita compreensão do que acontece quando investimos dinheiro no cliente com ações de promoção e marketing cooperativo, por exemplo. Se conseguirmos traçar uma relação de causa e efeito (uma correlação matemática) entre todas as ações comerciais e a rentabilidade de cada cliente no mesmo período, poderemos então aprender como aplicar as melhores ferramentas de incentivo para sustentar a margem total de um certo segmento ou região.

Se, ao verificar mensalmente a execução do plano, percebemos que um território ou grande cliente deixou de gerar a margem esperada, precisamos saber se foi porque o volume caiu ou se a execução do preço foi ineficiente. Por que cairia o volume, a propósito? Talvez porque houve postergação de pedido, queda de negócios do cliente ou a entrada de um concorrente. Não havendo uma explicação de volume, a queda da margem se explica pelo preço médio praticado. Por que o preço foi mais baixo? Uma explicação possível é que a pressão da concorrência exigiu mais desconto. E como ocorreu isso? O concorrente efetivamente ofereceu mais valor pelo mesmo preço? O vendedor usou sua delegação de forma adequada? Várias perguntas e respostas precisam ser documentadas a cada mês, caso contrário a empresa não vai aprender e o próximo plano não vai incorporar essas nuances da realidade.

Outra possibilidade é que tenha havido uma deterioração no composto de vendas, ou seja, o cliente comprou os modelos mais baratos naquele mês. De qualquer forma, essa medida de performance comercial deve ser administrada mensalmente, para que a empresa possa corrigir desvios de rumo. No lançamento de novos produtos, é preciso assegurar que a margem planejada tenha uma base sólida de cálculo e proteção promocional e comercial.

2) Índice de Aprendizado dos Colaboradores

Essa métrica é um "sonho de uma noite de verão" em quase toda empresa. Quando se fala em treinamento, começa-se por levantar necessidades, pensa-se em verbas, cursos externos, cursos internos, mas nunca se procura medir o resultado do investimento. Nenhum RH consegue (quando tenta) alinhar os planos de treinamento com o efetivo aprendizado funcional das pessoas. Estamos falando de processos da empresa, evolução dos clientes, evolução do mercado, tecnologia da empresa, números de trabalho, etc.

Em havendo na empresa uma cultura estratégica de informação já disseminada, nada impede que se preparem testes de conhecimento com base naquilo que vai ajudar a desenvolver pessoas e processos. Testes via internet, mesmo poucos e específicos, podem ser aplicados já, com ganho real na seleção de candidatos internos e externos, por exemplo. Não existe nada melhor que a competição honesta para estimular o crescimento das pessoas. Não existe nada melhor para o ambiente de trabalho (ou clima organizacional, como preferem outros) que o conceito de justiça aplicado a uma premiação motivadora. Estamos falando de coisas básicas, necessidades humanas eternas.

Um índice de aprendizado pode ser desenvolvido a partir de um conjunto de testes que reflita o conhecimento mais genérico dos dados e dos processos operacionais da empresa. Se testamos no momento A e depois medimos os mesmos conhecimentos no momento B, teremos um índice de desenvolvimento do aprendizado naquele período. Os conhecimentos aferidos dessa forma não precisam ser os mesmos para todos. O objetivo que deve orientar o conteúdo é justamente o de fortalecer a compreensão dos processos estratégicos, visando ao seu aperfeiçoamento e gerando velocidade na sua execução. Quanto mais as pessoas entenderem os passos e as conseqüências dos processos, maior será sua autonomia inteligente, requerendo menos supervisão e criando mais valor.

Talvez o formato dos testes no primeiro momento requeira uma consultoria externa, mas depois é uma questão de mantê-lo atualizado e aplicável via internet ou intranet. Com o resultado remetido diretamente (via e-mail) para um executivo sênior da empresa, esses testes, ao longo do tempo, constituirão uma forma de se medir o crescimento da gestão do conhecimento na empresa. Da mesma forma podemos aplicar questionários de clima organizacional e satisfação interna, com baixo custo.

3) Índice de Satisfação dos Clientes

Esse tipo de medida deve funcionar como uma auditoria dos processos, com conseqüência organizacional. Não é fácil colher a real percepção do cliente, até porque existe um relacionamento viciado entre fornecedor e cliente no sentido de que o cliente quer sempre mais, de um jeito ou de outro, sem se preocupar com o equilíbrio da relação. Isso faz parte do jogo e temos que aprender a jogar de forma produtiva e consistente, com isenção. Essa isenção requer alguns cuidados, pois o receio de um lado (cliente) e o comodismo do outro (pesquisador) podem prejudicar a qualidade do processo. O lado questionado pode se sentir constrangido e o lado que pesquisa pode não querer levantar muita poeira. Se as perguntas forem tão neutras que não gerem qualquer conclusão relevante, então o processo não vale mesmo à pena. Talvez com ajuda externa isso possa ser corrigido.

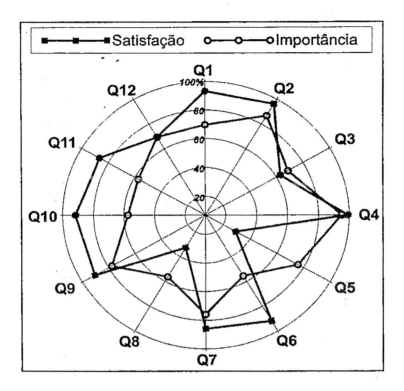

Figura 9.2 – Pesquisa de Satisfação.

A periodicidade dessas pesquisas deve ser semestral, com 50% dos clientes de cada vez. Dessa forma, teremos um questionário sendo respondido anualmente por cada cliente e, por outro lado, teremos 6 meses para processar internamente as melhorias sugeridas pela pesquisa. Isso vai criar um senso de urgência sem o qual nada funciona. Para aplicar os questionários, abril e setembro são meses bem posicionados no calendário se o orçamento anual é preparado no segundo semestre para o ano seguinte. A classificação de importância para cada ponto de satisfação ou insatisfação do cliente é fundamental para orientar investimentos em qualidade que devem fazer parte do processo de planejamento anual. Hoje em dia, via internet, podemos aplicar os questionários com mais rapidez e custo muito menor. O gráfico anterior mostra um formato de resultado de pesquisa de satisfação.

4) Índice de Atendimento (ou Vendas Perdidas)

Esse índice é calculado de modo que as vendas efetivas comporiam 80% mais ou menos do que seria a venda plena. Para construir esse índice, temos que documentar claramente a consulta ou o pedido em sua fase inicial, quando o cliente coloca sua plena expectativa de volume, preço e prazo de entrega. A diferença entre o que o cliente queria e o que ele efetivamente comprou representa um valor que, aplicado sobre o total de vendas possíveis (vendas reais mais vendas perdidas), representa o índice de vendas perdidas.

Não existe cem por cento de atendimento em qualquer negócio, mas o importante aqui é identificar a causa da perda e o que pode ser feito para melhorar o índice. Para empresas que operam com carteira de pedidos ou vendas de prateleira, um índice de atendimento pode orientar muito o processo de planejamento estratégico. Certamente que existe um custo para atender a 100% dos pedidos, mas isso precisa ser cuidadosamente acompanhado para evitar excesso de investimento de um lado e perda de clientes do outro.

Claro que existe a perda natural de um varejista que optou por uma estratégia de nicho, com mix restrito. Uma loja de conveniência terá uma perda de venda significante, sempre, mas mesmo assim é preciso documentar e controlar essa perda todos os dias. Um grande supermercado tem uma perda de vendas já prevista quando opta por carregar uma marca em detrimento de outras, mas precisa estar de olho na preferência do cliente. Uma loja de roupas costuma deixar claro o nicho que atende através do que expõe na vitrine, mas mesmo assim é preciso averiguar se os concorrentes estão se saindo melhor. Quando as pessoas entram e não compram, há que se entender o porquê. Se não houver um registro diário, a percepção e a tendência do índice de perda se perde.

Tudo isso não é difícil de implantar com base no próprio fluxo de recebimento de consultas e pedidos. Muitas empresas sequer registram as consultas frustradas, gerando uma ilusão de bom atendimento. Vendedores raramente reportam vendas perdidas, até porque nada ganham com isso. É preciso incentivar o garimpo desses dados, premiando de alguma forma o pessoal que está em contato com o cliente e pode recolher informações estratégicas.

5) Retorno sobre Capital (por divisão de vendas ou linha de produtos)

Esse índice tem a ver com o dinheiro investido especificamente em uma linha de produtos ou num segmento de mercado. Estamos falando do prazo de vendas e dos estoques aplicados. Dentro do conceito de gerenciamento de produtos, a rentabilidade total deve ser medida em todas as etapas da logística de vendas. Como saber se um produto dá mais lucro que um outro? Como avaliar se um canal ou mesmo um grande cliente dão resultado efetivo?

6) Índice de Custo Logístico versus Vendas

A atividade de desenvolver fornecedores, comprar insumos, estocar material e entregar produtos vendidos é estratégica e merece atenção. De modo geral, a cadeia logística custa caro, sempre mais caro do que a diretoria percebe. Ainda assim, poucas empresas dão atenção a esse assunto. Quando solicitam uma cotação de serviços terceirizados, sempre lhes parece estranhamente caro contratar terceiros, porque a maioria dos elementos internos de custo logístico não é corretamente agrupada e reportada mensalmente. Uma das causas da falta de dados gerenciais sobre o custo logístico é a quebra da cadeia de responsabilidade dentro da empresa, com ninguém dedicado aos processos do começo ao fim. Estoque, estando parado ou em movimento, é um filho sem pai na maioria das empresas.

7) Percentual de Share Within (posição relativa da empresa no total de compras possíveis do cliente)

Estamos falando de medir a presença da empresa no cliente ou no canal. A contrapartida da presença da empresa é a venda do concorrente, e isso é fundamental saber e também registrar mensalmente, mesmo por estimativa. Um gráfico com o formato abaixo deve ser formatado pelo menos uma vez por trimestre para cada canal, território ou cliente:

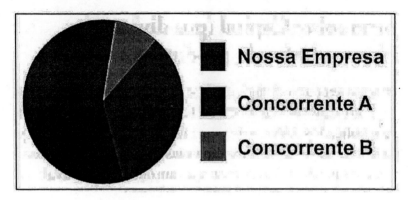

Figura 9.3 – Participação no cliente.

8) Share de Mercado (de cada um de seus produtos)

Aqui, estamos falando da presença da empresa no mercado total. Ninguém tem esse dado aferido com precisão, mas uma estimativa continuamente acompanhada é bem melhor que nada. Essa medida serve principalmente para acompanhar a posição relativa, pois um eventual crescimento de vendas pode não significar ganho de mercado. Isso acontece quando o mercado cresce mais que as vendas da empresa.

9) Produtividade (margem direta por empregado)

Estamos falando aqui de um índice que pode ser manipulado por alteração ou terceirização de processos, quando o número de empregados parece menor que o real. De modo geral, mantendo-se a base de comparação e não havendo alterações estruturais, esse indicador serve para avaliar realmente o crescimento da produtividade individual dos empregados. Especialmente em empresas de serviços, que vendem o valor agregado por cada colaborador, trata-se de um importante elemento de planejamento estratégico.

10) Valor (margem real por produto ou serviço)

Esse indicador é extremamente importante para planejar novos produtos e serviços. Com base no lucro real obtido por cada um dos produtos ou serviços existentes, pode-se planejar melhor o avanço da empresa. Para calcular margem real é preciso analisar todos os custos envolvidos com a criação, produção, venda e entrega dos produtos ou serviços. Isso não é fácil e requer mecanismos afiados de contabilidade gerencial.

Figura 9.4 – Xadrez e Estratégia.

GLOSSÁRIO

Objetivo do Guia

Os termos e definições aqui colocados não pretendem esgotar o tema ou ampliar a teoria acadêmica em torno do assunto. O propósito do trabalho se desdobra em três vertentes:

a) Estimular o questionamento intelectual e a dúvida inteligente no universo das pequenas e médias empresas do Brasil. Muitos dirigentes de pequenas/médias empresas já usam essas idéias por intuição em seu dia-a-dia, faltando-lhes apenas sistematizar os conceitos e estabelecer as conexões entre eles.

b) Ajudar novos gerentes a compreenderem um pouco daquilo que já foi pensado e implementado por alguém, em algum lugar, nos últimos 50 anos. Quase todos os conceitos veiculados hoje são, no máximo, antigos e bons princípios transcritos em vocábulos recentes.

c) Abrir a cabeça de velhos diretores para um universo de idéias parcialmente conhecidas, algumas mal entendidas e rejeitadas em algum momento de sua careira. Reveja, repense, não tenha medo de admitir que não entendeu na primeira vez.

Um conselho geral: A gestão empresarial apresenta inúmeros desafios para todos nós, jovens e velhos. Aprender não é privilégio dos iniciantes, dos que chegaram agora. Após dezenas de anos gerenciando uma empresa, um executivo tende a acreditar que sabe o que se precisa saber. Nada mais perigoso, nada mais imprudente. Aproveite esse glossário para repensar seu negócio, rever seus conceitos. Se alguma coisa do texto não fizer sentido para você, fique à vontade para enviar um e-mail para o autor: ab@ipge.com.br. O Professor Ageu de Barros terá imenso prazer em debater com você, dirimir sua dúvida ou aceitar sua ponderação, sem qualquer compromisso de sua parte.

1- **ABC / Activity Based Costing** – É uma técnica criada no final dos anos 80 que permite determinar quais os custos indiretos a se agregar a um produto ou serviço de acordo com o tipo de atividade a que se referem. Os sistemas tradicionais de contabilidade repartem os custos segundo critérios como o número de horas de trabalho manual, o número de horas por máquina ou a área ocupada por cada centro de custo. No método ABC (Activity Based Costing), os critérios dos custos diferem de acordo com o tipo de atividade. Em qualquer empresa, seja industrial, comercial ou de serviços, o conceito que apóia o desenvolvimento de um custeio ABC é a própria cadeia de valor, que envolve os processos de trabalho (atendimento, logística interna, análise, planejamento, etc.) necessários para o sucesso do negócio. Assim, para que o método ABC seja corretamente aplicado, os processos estratégicos que agregam valor devem ser antes mapeados. Não faz sentido ter informação do custo sem a contrapartida do valor, lembrando ainda que preço é valor traduzido em moeda.

2- **Alianças Estratégicas** – São associações entre empresas que unem seus recursos, competências e meios para se desenvolver uma atividade específica. Em regra, para isso, as empresas têm três opções: a fusão ou aquisição, a internacionalização, ou a formação destas alianças estratégicas. Estas alianças podem ser com empresas do mesmo ou de diferentes ramos. Distinguem-se das joint ventures, em que os parceiros partilham a propriedade de uma nova empresa. Para criar uma aliança estratégica, é preciso que se identifique sinergia, ou seja, um ganho incremental resultante da soma de esforços. Identificar a sinergia não é uma tarefa fácil, mas vencer os receios naturais das pessoas é ainda mais difícil. Em toda aliança há uma perda de independência, uma perda de poder; isso, para a maioria das pessoas, é inadmissível.

3- **Análise do ambiente** – O termo ambiente em espanhol é entorno, palavra que parece explicar bem o conceito de olhar em volta, a primeira etapa do processo de planejamento estratégico. Nesse processo de revisão do ambiente em que opera a empresa muitas perguntas são feitas, dentre as quais:

1) O governo vai mudar algo?

2) O mercado em que atuamos vai mudar?

3) A tecnologia existente em nosso ramo vai permanecer?

4) Nossos clientes estão sendo assediados?

5) Quais são os desafios de nossos clientes?

6) Podemos apoiar nossos clientes de outras formas?

7) Como podemos nos aproximar mais de nossos clientes?

8) Podemos dificultar a entrada dos concorrentes?

9) Nossos fornecedores são adequados?

10) Devemos desenvolver outros fornecedores?

11) Devemos nos aproximar de nossos fornecedores?

12) Devemos criar novos produtos?

13) Devemos desenvolver novos mercados?

14) Devemos ficar onde estamos?

15) Para onde devemos ir?

4- Análise SWOT – Trata-se da segunda etapa do processo de planejamento estratégico, quando organizamos todas as respostas da primeira fase e ainda introduzimos uma análise endógena, a visão intestinal da empresa. O conceito foi criado por Kenneth Andrews e Roland Christensen, dois professores da Harvard Business School e estuda a competitividade de uma organização segundo quatro variáveis: strengths (forças), weaknesses (fraquezas), opportunities (oportunidades) e threats (ameaças). Usando este tipo de análise, é possível analisar as forças e fraquezas da empresa, as oportunidades e ameaças do meio e o grau de adequação entre elas. Quando os pontos fortes de uma organização coincidem com os fatores críticos de sucesso para satisfazer as oportunidades e necessidades do mercado, a empresa será certamente competitiva a longo prazo. Essa análise endógena é a parte mais difícil do processo de planejamento, pois envolve autocrítica, algo que o ser humano não consegue fazer de forma honesta e organizada. Somente um expectador externo pode dizer o que precisa ser corrigido na empresa.

5- Análise de Valor – Definição criada por Lawrence Miles, nos anos 50, consiste em decompor um produto ou serviço nas suas funções principais e, em seguida, delinear as soluções organizacionais mais apropriadas para reduzir os custos de produção. Implica uma análise detalhada do valor criado pela empresa através da distribuição dos custos totais de um produto ou serviço pelas suas diferentes etapas: concepção, produção, venda, distribuição e serviço aos clientes. Este conceito deu origem às noções de cadeia de valor, de valor agregado e de shareholder value (valor para o acionista). Importante ressaltar que preço é valor traduzido em moeda. Assim sendo, o valor percebido pelo cliente é a base para formar preço, não o custo de produção. O conceito de valor (e seus desdobramentos, merchandising sendo o principal) é fundamental para desenvolver uma estratégia de preço em qualquer empresa.

6- Balanced Scorecard – Significa placar equilibrado ou cartão de aferição integrada, ligado ao processo de controle dos resultados da empresa. Todo o processo de criar um plano estratégico só faz sentido se alguma melhoria advier de sua implementação. Para fazer a ponte entre esse plano complexo e o dia-a-dia da gestão empresarial, é necessário criar um conjunto de "metrics", de medidas de performance. A metodologia criada por Robert Kaplan e David Norton nos anos 90 menciona quatro áreas de medição:

Figura A1 – Balanced Scorecard.

Sem dúvida que a formatação dessas "metrics" requer uma compilação dos dados que foram criados ou disponibilizados no processo de planejamento estratégico. A idéia aqui não é reinventar objetivos, tampouco desenvolver um complexo pacote de relatórios. Devemos gerar, da forma mais simples e barata possível, um conjunto de dados oriundos, de preferência, dos sistemas de medição existentes na empresa. Alguns poucos exemplos de "metrics" válidas para qualquer empresa:

1) Margem Bruta por cliente / por vendedor / por território

2) Índice de Aprendizado dos Colaboradores (com referência aos processos da empresa, evolução dos clientes, evolução do mercado, etc.) aferido em testes periódicos via intranet, por exemplo.

3) Índice de Satisfação dos Clientes aferido em pesquisas via internet, por exemplo.

4) Índice de Atendimento de Pedidos (tempo, quantidade e qualidade)

5) Retorno sobre Capital (por divisão de vendas ou por linha de produtos)

6) Custo Logístico (compras, fretes, giro de estoques, etc.) versus Vendas

7) Share within (posição relativa da empresa no total de compras possíveis do cliente)

8) Share de Mercado (de cada um de seus produtos)

9) Produtividade (margem direta por empregado)

10) Valor (margem real por produto ou serviço)

7- Benchmarking – Benchmark é uma marca, um recorde, uma medida de performance a ser imitada. Benchmarking é um processo sistemático e contínuo de medida e comparação das práticas de uma organização com as das melhores empresas. As circunstâncias que cercam uma boa performance e as relações de causa/efeito que geram o resultado excepcional nem sempre são transparentes, o que dificulta a reprodução da performance em outra empresa. Além disso, imitar não deve ser o objetivo do processo, mas sim identificar os pontos fortes do concorrente para avaliar o custo de ignora-lo ou supera-lo. Uma vez tomada a decisão, há que se alinhar essa decisão com a estratégia adotada.

8- Brainstorming – Criada na década de 60 por Osborn, é uma técnica de reunião "bagunçada" que visa a garimpar novas e brilhantes idéias de uma equipe. Embora o objetivo seja sério, nesse tipo de reunião não cabe muita seriedade comportamental, pois as pessoas não podem ter medo de falar bobagem. Muitas vezes uma ótima idéia começa com uma bobagem. O brainstorming tem quatro regras básicas: nunca critique uma sugestão, encoraje as idéias bizarras, prefira a quantidade à qualidade e não respeite a propriedade intelectual. Como em toda reunião, há a necessidade de um líder, que deve zelar para que as regras sejam cumpridas e para garantir um ambiente relaxante e propício ao surgimento de novas idéias.

9- **Brand Management** – Significa gestão de marcas, ou seja, o desenvolvimento sistemático do valor de uma marca. Este trabalho deixou de ser responsabilidade das agências de publicidade e do departamento de produção. A partir dos anos 80, as empresas começaram a considerar a imagem da marca como um ativo estratégico. O objetivo da gestão é criar uma identidade largamente reconhecida pelo mercado-alvo a atingir. A atribuição de um nome ou uma marca a um produto designa-se branding. Antes de imaginar uma marca ou começar a criar logos e anúncios, é preciso definir o objetivo da marca e a estratégia para sua divulgação. Esse objetivo precisa estar atrelado a um business plan, um plano de negócios.

10- **Break-Even** – O termo usado popularmente no Brasil é empate, empatar, que quer dizer não ganhar nem perder dinheiro na transação ou no período considerado. O conceito e o cálculo do break-even point (ponto de lucro zero da empresa) são muito importantes para o processo de planejamento estratégico e financeiro. Calculando antecipadamente a cada mês o ponto de equilíbrio, fica mais fácil tomar decisões e criar táticas de merchandising e promoção. Normalmente, o ponto de equilíbrio está ligado ao tamanho da operação, à escala de negócios. É necessário definir o tamanho ótimo da escala antes de iniciar operações em qualquer ramo de negócios. Em muitos casos, esse tamanho ótimo não precisa estar pronto no momento inicial, pode ser gradativamente alcançado com os próprios lucros da operação.

11- Budget - O termo significa orçamento empresarial, normalmente anual. Ao processo de planejamento financeiro anual deve por um exercício de planejamento estratégico completo, com análise do ambiente, definição de SWOT, definição de mercado total e mercado alvo, estratégia de preço, objetivos de curto e longo prazo e muitas horas de modelagem financeira em planilhas Excel ou equivalente. Todo esse processo deve envolver a participação de pelo menos cinco áreas estratégicas da empresa: marketing, engenharia, logística e/ou produção, vendas, treinamento e finanças. Entendemos marketing aqui como sendo a área que define estratégia, objetivos de volume, estratégia de preço, objetivos de share, objetivos de margem e planejamento de produtos. Entendemos engenharia como sendo a área que desenha e projeta os produtos, no caso de uma empresa industrial. Entendemos logística como sendo a área que desenvolve fornecedores, compra, importa e executa a produção dos produtos ou serviços que a empresa vende. Entendemos vendas como sendo a área que conduz todos os processos de interface com os clientes, do começo ao fim. Entendemos treinamento como uma área que tenha competência para desenvolver comunicação interna, avaliar os processos estratégicos da empresa, avaliar as descrições de cargo, redefinir o desenho das equipes em função dos novos projetos, aplicar algum treinamento interno, contratar treinamento externo e acompanhar o desempenho dos diversos setores via Balanced Scorecard ou outra metodologia. Entendemos finanças como sendo a área que coordena a obtenção de dados financeiros na empresa e formata os planos e relatórios de apoio aos processos de gestão estratégica.

12- Cadeia de Valor - Assim é chamada a série de atividades relacionadas e desenvolvidas pela empresa para satisfazer as necessidades dos clientes, desde as relações com os fornecedores e ciclos de produção e venda, até à fase da distribuição para o consumidor final. Cada elo dessa cadeia de atividades está ligado ao seguinte. Esta é uma metodologia usada pela consultora McKinsey, sistematizada e popularizada por Michael Porter, que permite decompor as atividades (divididas em primárias e de suporte) que formam a cadeia de valor. Segundo Porter, existem dois tipos possíveis de vantagem competitiva (liderança de custos ou diferenciação) em cada etapa da cadeia de valor.

13- Ciclo de vida - Trata-se de um termo usado em planejamento estratégico de marketing. O ciclo de vida de um produto no mercado pode ser dividido em quatro fases:

- **Introdução** - O produto foi lançado no mercado e o crescimento das vendas é lento;

- **Crescimento** - Há uma explosão da procura, uma melhoria dos lucros e o produto tende a massificar-se. Chegam novos competidores;

- **Maturidade** - O ritmo de crescimento das vendas dá sinais de abrandamento. É uma fase em que as empresas tendem a entrar em guerras de preço e publicidade;

- **Declínio** - A procura cai, os lucros sofrem uma rápida queda em direção ao ponto zero. Grande parte dos competidores começa a abandonar o mercado.

14- Core competence – Confunde-se muito core competence com core business. Este último significa o negócio principal da empresa, conceito que leva muita gente a negligenciar as necessidades do cliente. O conceito de core competence (competência estratégica) surgiu em 1990, na Harvard Business Review, com autoria de Gary Hamel e C. K. Prahalad. O termo designa as competências únicas de uma organização, algo como um conhecimento técnico ou uma tecnologia específica. Embora deva ser valorizada, essa competência não assegura sucesso perene. Em outras palavras, engenharia não garante a clientela.

15- Cultura Organizacional - As empresas, tal como os países, têm uma cultura única. Essa cultura não é aquela colocada na Declaração de Missão, mas sim a que efetivamente prevalece no dia-a-dia das decisões. Cultura não resulta de uma decisão, de um documento ou de um conjunto de instruções. Cultura é o caldo resultante dos talentos e das mediocridades da empresa. De nada adianta a diretoria tentar impor regras de conduta exemplares para supervisores e gerentes, por exemplo. Os subordinados não acreditam no que lêem, mas sim no que escutam e imaginam perceber. Um simples ato injusto e impune, por exemplo, pode destruir o espírito de fraternidade gerado por dezenas de festas custeadas pela empresa. Por outro lado, pode-se usar a comunicação honesta e clara para fazer crescer a confiança interpessoal na empresa e desenvolver uma cultura propícia ao progresso da empresa. Em existindo essa base, pode-se pensar em estabelecer na empresa uma cultura estratégica, pré-requisito para a implementação bem sucedida de um processo de planejamento estratégico. Basicamente, constitui-se de um senso geral de objetivo, compromisso e urgência, uma metodologia de avaliação de sucesso, uma motivação para o aprendizado contínuo e um pensamento organizacional orientado para questionar as relações de causa/efeito dos processos de trabalho.

16- Downsizing - Nos anos 80, as grandes empresas cresceram de forma desordenada, diversificando e simplesmente inchando. Em conseqüência disso, nos anos 90 foram forçadas a reestruturar-se, um processo designado downsizing (um termo importado da informática). Para demitir pessoas de forma estruturada, adotou-se o delayering (redução dos níveis hierárquicos), que eliminou cargos de gerencia média. Em muitos casos, isso gerou processos truncados, ineficiência e perda de clientes. Em outros casos, conseguiu-se trocar gente mais acomodada por um número menor de novos ingressantes no mercado, gerando economia e agilidade.

17- Ecogestão - A crescente degradação ambiental mostrada pela mídia gerou uma certa preocupação das empresas para com os efeitos poluidores de seus produtos e processos. Em muitos países há um sistema de atribuição de um selo ecológico aos produtos amigos do meio-ambiente. Especialmente quem exporta sabe o quanto um rótulo de "ecologicamente correto" pode fazer diferença nas vendas.

GLOSSÁRIO | 135

18- Ética de negócios - O conceito de ética de negócios (business ethics) resume o conjunto de princípios e códigos de comportamento moralmente aceitáveis nos negócios. O principal objetivo de uma empresa que institui um "código de ética" e publica um documento formal é posicionar a entidade jurídica acima dos eventuais riscos que uma ação gerencial possa causar a terceiros.

19- Excelência - Excelência significa exceder a expectativa do cliente, exceder o ritmo e a trilha de rotina. Significa avançar e construir as melhores barreiras de entrada que a concorrência poderá encontrar. O sentido gerencial do termo nasceu em 1982 com a publicação de In Search of Excellence, de Peters e Waterman, o livro de gestão mais vendido até hoje. Para os autores, as empresas excelentes têm algumas características distintas: aproximam-se ao máximo do cliente; apostam no aprendizado das pessoas e da empresa como um todo; ampliam constantemente o domínio daquilo que já dominam; planejamr e reagem o tempo todo, usando e abusando da estratégia e da tática; e mantêm uma estrutura que apresenta, ao mesmo tempo, rigidez e flexibilidade.

20- Empowerment - É um conceito de gestão associado ao trabalho de Rosabeth Moss Kanter, professora em Harvard e ex-editora da Harvard Business Review. As empresas que dão mais poder e autonomia aos seus trabalhadores são as que estão melhor posicionadas para competir a longo prazo. Essa linha de pensamento foi bem aceita no mundo resultante das práticas de downsizing, geradoras de excesso de trabalho para os sobreviventes. Com a pouca gente que sobrou, faz-se necessário um alto grau de autonomia individual para que a empresa funcione.

21- Equipes Autogeridas - As "self management teams" (equipes autogeridas) são compostas por um pequeno número de pessoas que têm responsabilidade por um processo operacional e seus resultados. Foi um conceito muito comum nos anos 70, retomado na década de 90, com a gestão de projetos e a Gestão por Projetos.

22- Fatores Críticos de Sucesso - Essa definição integra os elementos de planejamento estratégico de negócios. Cada empresa, cada negócio possui alguns requisitos básicos para dar certo. Ao montar um restaurante, por exemplo, a aparência de limpeza, pintura nova, uniformes impecáveis, toalhas idem, tudo isto faz parte dos fatores críticos de sucesso. Os mesmos requisitos provavelmente não se aplicam a uma metalúrgica, onde a tecnologia de tratamento de metais poderá ser um importante fator crítico de sucesso. Cada negócio tem seu conjunto de fatores críticos, que precisam coincidir com os pontos fortes da análise SWOT. Se a rapidez de entrega for um fator crítico de sucesso no negócio da empresa, por exemplo, essa performance deve fazer parte do Balance Scorecard.

23- Franchising - Um conceito estratégico criado na primeira metade do século XX e implementado principalmente pela Coca-Cola Company, que ampliou enormemente seu crescimento internacional a partir do estabelecimento das chamadas FBO –(Franchise Bottling Operations) em vários paises do mundo, inclusive no Brasil, na década de 40. A base do conceito é o principio da joint venture, do empreendimento conjunto, da cooptação de parceiros de trabalho e investimento. Quando um bom negócio requer capital e gente dedicada em regiões diversas e distantes, a estratégia de franquia é a melhor forma de crescer. Na verdade, essa estratégia tem espaço em diversos segmentos de negócios, muito além dos tradicionais (varejo) e certamente com formas contratuais muito diversas. Há sempre dois parceiros envolvidos: o franqueador, que desenvolveu a idéia original (e a marca); e o franqueado, que compra o direito de operar sob esse nome sem, contudo poder usar a marca como razão social de sua empresa. No Brasil, por exemplo, existe apenas uma empresa, situada no Rio de Janeiro, com o nome de Coca-Cola (que administra a marca), enquanto que todas as fábricas brasileiras que produzem, engarrafam e distribuem o refrigerante operam sob razão social escolhida por seus diretores, que são empresários brasileiros. Uma das bases sobre a qual se apóia a força estratégica do negócio de franquia é o orçamento cooperativo de marketing, quando todos os parceiros se juntam para investir no desenvolvimento de uma marca institucional e/ou dos produtos vendidos. Para dar certo, é imprescindível que a distribuição regional do negócio seja adequada ao perfil dos investidores cooptados.

24- Fidelização de Clientes - Tornar fiel o cliente requer, antes de tudo, tratá-lo bem, ao nível de suas expectativas. Melhor ainda tratá-lo acima de suas expectativas, encantá-lo. Muitas empresas sequer possuem uma base de dados adequada para analisar o comportamento de compra (volume, mix, freqüência, tendência, etc.) dos clientes e dessa forma medir sua lucratividade, avaliar seu futuro como cliente e imaginar medidas de estímulo e recompensa. Sem uma base de dados fica difícil organizar qualquer campanha de fidelidade. Vários estudos já demonstraram que recrutar novos clientes é três a cinco vezes mais caro do que conservar os existentes e encorajá-los a consumir mais. Aumentar a fidelidade exige detectar (via pesquisa independente de satisfação) as principais causas de insatisfação dos consumidores, as razões que os levaram a recusar um produto ou serviço, ou a preferir o de um concorrente. As empresas devem corrigir esses pontos e melhorar a qualidade oferecida aos clientes em todas as áreas. A meta final é criar uma organização totalmente orientada para o cliente (customer-driven company). Uma boa estratégia de preço, por exemplo, também deve contemplar aspectos de fidelização via bonificação por volume incremental, bandas de preço por mix incremental de compra, etc.

25- Globalização - Para os gestores, o termo significa a integração mundial das atividades de uma organização. É uma etapa mais avançada da internacionalização, em que os processos são organizados em escala global, como se o mundo fosse um único país. A globalização diz respeito a todas as funções da empresa, mas muitas vezes é limitada apenas ao marketing. O Brasil, infelizmente, está ainda pouco inserido no processo.

138 | Gestão Estratégica nas Pequenas e Médias Empresas

O ramo de autopeças, por exemplo, é um dos poucos em que temos um certo grau de inserção, com as empresas transnacionais (Daimler, Ford, VW, FIAT, etc.) transferindo suas demandas (compras) para fabricação local. A tendência do processo de globalização no ramo de autopeças é favorável ao Brasil, porque a mão-de-obra e o aço aqui são mais baratos. Para uma empresa americana, de modo geral, os países onde produzir é mais barato continuarão sendo o México, os outros sul-americanos mais próximos, a China, a Índia e os outros do oriente, mas o Brasil pode vir a capturar alguns bons contratos nas áreas em que é mais competitivo naturalmente.

26- Gestão da mudança – Fala-se em Change Management como se isso fosse uma profissão, um segmento de atuação. Ora, a mudança sempre fez parte do ambiente empresarial no Brasil. Todos os gestores bem-sucedidos foram gestores de mudança (change managers), sem exceção. Segundo o livro Fast Forward, de James Champy e Nithin Nohria, as três forças geradoras da mudança são as tecnologias, a desregulamentação e a globalização. Os gestores devem preparar-se para a mudança através da resposta a três perguntas fundamentais: Como será a organização do futuro? Qual o processo de mudança ideal? Qual o tipo de competência fará a diferença?

27- Gestão por objetivos - Criada por Peter Drucker nos anos 50, a gestão por objetivos (management by objectives - MBO) descreve um sistema de gestão em que os trabalhadores e os gestores de topo definem em conjunto qual é o objetivo final do seu trabalho, como realizá-lo, de que forma será avaliado e qual o tempo necessário à sua concretização. Existem três críticas clássicas à sua aplicação: os gestores tendem a definir metas pouco ambiciosas ou irreais; os objetivos raramente resultam de um processo participativo e descentralizado; e, por último, ainda não promove o trabalho de equipe. Essas críticas, contudo, não invalidam o processo. Tanto assim, que a Gestão por Projetos, desenvolvida na década de 90, toma emprestado a maioria dos conceitos de sua prima mais velha. Acrescente-se ainda: qualquer metodologia de trabalho pode dar certo ou errado, dependendo de quem aplica, como aplica e como comunica.

28- Horizontal Organization - Uma organização horizontal (horizontal organization) ou achatada (flat organization) é a que minimiza o número de níveis hierárquicos de modo a se aproximarmais dos clientes. É um conceito que propõe acabar com a pirâmide hierárquica das organizações tradicionais. A sua vantagem principal é tornar os circuitos de decisão mais curtos; logo, mais rápidos. Os empregados, sentindo-se menos vigiados, revelam maior empenho e criatividade. Este tipo de organização favorece a criação de estruturas matriciais, mais leves e flexíveis, onde existe uma maior descentralização das responsabilidades.

29- Internet e Intranet - A Internet é uma ferramenta ao alcance dos gestores que lhes permite mudar radicalmente a forma como executam o trabalho e gerem empresas. Se a Internet já provou ser crucial para comunicar e dar acesso à informação, as intranets (redes internas) são cada vez mais populares para a difusão da informação no interior da empresa, entre os seus funcionários. Outra facilidades das intranets é a criação de grupos internos de discussão (newsgroup) que visam a partilhar informação e recolher idéias ou sugestões, além do correio eletrônico (interno e externo), que é usado em todo o mundo como uma alternativa ao envio de mensagens por fax. No Brasil, ainda muita gente não acredita em e-mail, pensando se tratar de um modismo, ou por medo de usá-lo. Quando tem endereço de e-mail, abre a "caixa" uma vez por semana e não responde às mensagens que recebeu. No máximo, telefona de volta, deixando de registrar e guardar arquivos importantes que poderiam auxiliar (por cópia) outras pessoas ou mesmo abrindo mão de capturar dados disponíveis em outra cabeça da empresa. O uso adequado do e-mail pode contribuir de forma extraordiná-ria para a gestão do conhecimento na empresa e para evitar perda de tempo em reuniões cansativas e ineficientes. A implantação de projetos e planos (em qualquer empresa, de qualquer tamanho) requer uma dinâmica de comunicação que não pode ser alcançada sem o uso correto do e-mail. O telefone gera palavras que se perdem, idéias e ordens que se esquecem, enquanto que, via e-mail, com data e hora, o follow-up é possível, gerando responsabilidade e eficiência.

30- Just-in-time – A expressão significa "bem na hora". É uma técnica de gestão e controle de estoques que procura minimizar o capital de giro envolvido em qualquer operação industrial. Criada em 1960 pela Toyota, foi considerada como uma das ferramentas de gestão que mais contribuíram para o milagre industrial japonês. A idéia base é bastante simples: cada etapa do ciclo de produção só deve solicitar novas encomendas à etapa anterior na medida em que precisar delas. No mercado automotivo, é uma regra de trabalho, não apenas um conceito. Acaba por gerar uma redução do número de fornecedores via canibalismo, o maior engolindo o menor, em cadeia. Hoje em dia, com o uso abrangente de computadores e ferramentas de comunicação, o just-in-time ficou bem mais fácil.

31- Lean Production – A expressão significa "produção esbelta", aquela que elimina as gorduras indesejáveis. O conceito de lean production é baseado em quatro princípios: trabalho de equipe, comunicação, uso eficiente de recursos e conseqüente eliminação de desperdícios, e melhoria contínua (a que os japoneses chamam kaisen).

Engloba o conjunto de técnicas desenvolvidas nos anos 70 por fabricantes japoneses, como a Toyota e a Matsushita, para reduzir os custos de produção e aumentar a competitividade. O conceito foi popularizado através do estudo sobre a indústria automóvel do MIT, designado "The Machine that Changed the World", que investigou as causas associadas à superioridade dos japoneses nas áreas da produtividade, flexibilidade, rapidez e qualidade.

32- Learning Organization – A expressão significa "organização que aprende"; visa a diferenciar aquelas empresas gerenciadas de forma transparente, com gerentes que divulgam aquilo que sabem, pedem ajuda quando não sabem e facilitam o aprendizado de seus subordinados. Não estamos falando de colocar pessoas na escola por metade do tempo, estamos falando de desenvolver internamente a maior parte dos conhecimentos necessários para gerir o negócio. O conceito de "learning curve" (curva de aprendizado) é a base da organização que aprende. Um caminho para criar o ambiente propício ao aprendizado em qualquer empresa é implantar uma gestão por projetos onde a participação dos colaboradores no processo de gestão ocorra de forma natural e eficiente, sem desperdício de tempo e dinheiro.

33- Liderança – Muito se falou e escreveu sobre o assunto ao longo dos últimos cinco mil anos. No ambiente empresarial, identificar e desenvolver lideranças é crucial para o sucesso. Antes de pensar nisso, contudo, é preciso distinguir liderança de posse e chefia. O sócio da empresa (assim como seus herdeiros) tem a posse, o diretor tem a chefia e o líder tem a liderança. Todo dono de pequena/média empresa quer fazer de seu herdeiro/a um/a líder, claro. Isso é quase sempre possível, mas o caminho precisa ser bem mapeado. O jovem herdeiro precisa de "coaching" (aconselhamento) que nem sempre pode ser fornecido pelo pai. Existem características básicas para que um indivíduo possa tornar-se um líder, tais como visão, integridade, conhecimento, autoconfiança, maturidade e, sobretudo, disposição e coragem para assumir riscos. Existem diversas formas de liderança, todas válidas conforme as circunstâncias. Se a ocasião é de conflito, a liderança precisa estimular a combatividade das pessoas. Se o momento requer alianças estratégicas, a liderança precisa conduzir um processo diplomático. Provavelmente a mesma pessoa não conseguirá ser líder nos dois momentos, mas isso não deve entristecer ninguém. Talentos distintos existem e ninguém possui todos. A formação de equipes equilibradas visa justamente a suprir as falhas de cada um, aproveitando a capacidade de os talentos disponíveis se complementarem. Essa arquitetura funcional é a parte mais difícil do processo de montagem e administração de uma empresa e costuma não ter fim.

34- Matriz BCG – Trata-se de um gráfico com quatro quadrantes, criado pelo Boston Consulting Group para explicar alguns conceitos de estratégia. As definições são usadas no contexto de análise de investimento empresarial, para decidir onde investir, quando vender, etc. O eixo horizontal é representado pela variável market share (quota de mercado) que possui a empresa (alta à esquerda, decrescendo à direita), enquanto que no eixo vertical está a taxa de crescimento do mercado (elevada em cima, menor em baixo). A matriz dá origem a quatro quadrantes onde pode se situar o negócio sob análise conforme abaixo:

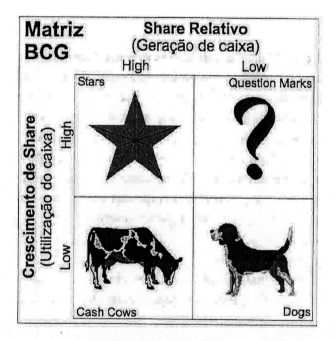

Figura A2 – Matriz BCG.

- **Cash Cow (Vaca Leiteira)** – Uma unidade de negócios que tem um share de mercado confortável em uma indústria madura com crescimento baixo. Vacas leiteiras requerem pouco reinvestimento e, portanto geram uma sobra de caixa sem aproveitamento no negócio.

GLOSSÁRIO 143

- **Star (estrela)** – Uma unidade de negócios que tem um share de mercado alto em um segmento em crescimento rápido. Embora estrelas gerem caixa, elas precisam reinvesti-lo integralmente para manter-se no mercado.

- **Question Marks ou Problem Child (Criança Problema)** – Uma unidade de negócios que tem um pequeno share de mercado em um segmento de alto crescimento. Estes negócios requerem investimento além de sua própria geração de caixa. Não há certeza quanto ao sucesso futuro.

- **Dog (cachorro)** – Uma unidade de negócios que tem um pequeno share de mercado em uma empresa madura. Realmente não faz muito sentido manter o investimento neste tipo de empresa, a menos que exista alguma estratégia de apoio a outros negócios em ascensão.

35- **Marketing** – Embora uma palavra do dia-a-dia, conhecida por todos, resolvemos inserir o termo aqui para melhor explicar sua abrangência e sua importância para o desenvolvimento da gestão estratégica. Comecemos definindo o que não é marketing. Publicidade não é marketing, assim como seu nariz não é você. As empresas de publicidade se apresentam como sendo de marketing, quando aquilo que fazem é apenas um pequeno pedaço (o mais exposto, talvez) do marketing. As empresas de call center dizem que fazem telemarketing, quando na realidade fazem exatamente telefonia de suporte, seja na venda, seja no atendimento de consultas. Gerente de Marketing costuma ser o título da pessoa encarregada de enviar para a agência de publicidade o texto que se deseja divulgar. Assistente de Marketing é a pessoa que desenha folhetos, que solicita cotações de preço de anúncio, etc. Tudo isso ajuda a confundir e esconder o tamanho da função Marketing na empresa, seja ela pequena, média ou grande. No contexto empresarial, a melhor definição de marketing seria:

Marketing é o próprio negócio, do ponto de vista do cliente.

Tudo aquilo que a empresa deixa o cliente perceber é marketing. A limpeza do banheiro de um restaurante é marketing. A qualidade da toalha no banheiro do hotel é marketing. O tipo de couro usado em um modelo de sapato é marketing. A maneira como dirige o motorista do caminhão pintado com as cores da empresa faz parte do marketing. A voz da telefonista que atende ao telefone da fábrica é marketing. O tamanho da fileira de produtos na gôndola do supermercado é marketing. O tamanho da loja que vende o produto da empresa é marketing. O desconto aplicado pelo representante do Piauí é marketing. O gosto mais azedo da balinha que a criança rejeita (mas adultos apreciam) é marketing. O tamanho do saco de arroz ou do frasco de detergente vendido no supermercado é marketing. A escolha de vender via loja de conveniência, loja de shopping, supermercado ou por venda direta faz parte da estratégia de marketing. A estratégia de preço e a política de crédito são partes fundamentais do marketing. Tudo aquilo que o cliente percebe faz parte do marketing. Muito daquilo que o cliente nem percebe diretamente (inserido de alguma forma no produto que consome) é marketing também. A posição do produto na gôndola ou na vitrine, o revestimento interno da embalagem que conserva o produto e a qualidade do rolamento incluído no motor fazem parte do custo e do marketing do produto.

Existe um conjunto de variáveis chamado de marketing mix, os famosos quatro p´s, que foram criados na década de 60 por Jerome McCarthy:

Produto (product), **preço** (price), **promoção** (promotion) e **ponto de venda** (point of sale).

Produto aqui inclui o pacote de elementos que vai satisfazer às necessidades do cliente. Preço é o elemento da estratégia de marketing que interage com finanças, visando à recuperação do valor investido no produto. A variável promoção inclui propaganda (advertising), promoção de vendas, publicidade (comunicação noticiosa), relações públicas, sponsoring (patrocínio), marketing direto (direct mail e telemarketing). A variável ponto de venda requer a análise de fatores como estrutura de canais de distribuição, tipo de distribuição, merchandising (ações de marketing no ponto de venda), logística de distribuição e de estoques, e gestão da força de vendas.

36- Motivação – A compreensão da alma humana sempre foi um desafio para líderes e empresários ao longo do tempo. Seja para liderar, manipular, controlar, combater ou vender, os líderes sempre se preocuparam com a motivação das pessoas. No universo empresarial moderno, a Teoria da Motivação nasceu no final dos anos 20 através das experiências do australiano Elton Mayo, que pretendia provar que os trabalhadores não eram motivados apenas pela remuneração, mas também por outros fatores como as condições de trabalho e o apreço das chefias. Nos anos 50, dois autores deram uma contribuição decisiva para esta corrente: Abraham Maslow (pirâmide das necessidades) e Frederick Herzberg (teoria dos dois fatores). Segundo Herzberg, os fatores de satisfação se relacionam com aquilo que a pessoa faz, enquanto que os fatores de insatisfação se relacionam com o ambiente. No marketing de hotelaria, por exemplo, uma toalha (mesa ou banho) suja gera insatisfação e desistência. Por outro lado, o hotel não costuma anunciar que suas toalhas são limpas, isso se pressupõe. A pirâmide de Maslow é determinante para explicar a hierarquia das necessidades humanas, influenciando qualquer estratégia de marketing. Quem vende Rolex, por exemplo, não compete com quem vende relógios, pois a necessidade humana à qual o Rolex atende está alguns degraus acima na pirâmide de Maslow. Quem vende Rolex está no mesmo mercado de quem vende cassinos, clubes de golfe, carros esportivos, diamantes e barcos, por exemplo.

Em 2003, experimentos com macacos demonstraram que o sistema de recompensa usado para motivar os bichos não lhes passava despercebido. Se um macaco recebia menos (quantidade ou qualidade) do que outro macaco pela mesma tarefa, ele se revoltava e se recusava a prosseguir. O senso de justiça, fator de motivação essencial na liderança de equipes, não parece ser exclusivo dos humanos.

37- Networking - Um termo importado da informática relativo à ligação entre terminais de computador para que o acesso aos dados possa ser partilhado por diversos utilizadores. O melhor exemplo de networking em escala global é o da Internet, que permite a ligação em rede e on line (em tempo real) entre um ou vários indivíduos localizados em qualquer ponto do mundo. É uma expressão que designa a forma como as grandes companhias de serviços (auditoras, consultoras, agências de publicidade ou firmas de advogados) podem se internacionalizar sem recorrer à abertura de novas delegações regionais. Os empresários destas áreas fazem muito networking (interação social) para vender seus serviços no mercado onde atuam. No universo dos empregados (e desempregados) das grandes cidades, a palavra networking tem a ver com interação social (seminários, eventos, etc.) para facilitar a busca preventiva por novos ou melhores empregos.

38- Outplacement – O conceito de outplacement é muito usado nos grupos empresariais que costumam demitir executivos ou grupos de funcionários sem motivo relacionado à performance dessas pessoas. As consultoras em outplacement fornecem aconselhamento visando a uma rápida reinserção dos demitidos no mercado de trabalho. Em muitos casos, as empresas oferecem uma verba de treinamento para apoiar o redirecionamento da carreira do executivo ou para simplesmente abrir novas perspectivas de trabalho, inclusive em negócios próprios. Como a maioria dos antigos gerentes e diretores está ligada a um negócio de grande porte, sente-se perdida quando precisa gerenciar um pequeno negócio.

39- Outsourcing - A palavra significa terceirização. Trata-se de contratar uma entidade independente à empresa para executar serviços de consultoria, gestão de projetos especiais ou tarefas operacionais que não demandam expertise no negócio. No ambiente de manufatura, outsourcing é uma alternativa sempre avaliada quando surge um novo produto. Cada vez mais fica claro que estratégico é o cliente, não o produto, cuja produção pode perfeitamente ser terceirizada. Talvez ainda seja mais importante o fato de o outsourcing libertar mais tempo para os executivos se dedicarem mais às core competence (competências estratégicas) da empresa. O conceito nasceu na área das tecnologias de informação. Tem maior potencial de aplicação em indústrias dinâmicas, onde as pressões para cortes nos custos são mais intensas, sobretudo nos grupos empresariais que pretendem seguir uma estratégia de integração vertical das suas atividades.

40- Princípios de humor e bom senso - Eis três desses princípios:

- **Análise de Pareto -** Criada no século XIX pelo economista italiano Vilfredo Pareto, defende que cerca de 80% dos lucros de uma empresa são derivados de 20% dos seus produtos;

- **A lei de Parkinson -** Foi o primeiro livro humorístico sobre gestão. Eis duas das suas leis: "O trabalho expande-se na exata medida do tempo disponível para ser feito" e "Quanto menor o interesse do assunto, maior é a discussão";

- **Princípio de Peter -** Defende que qualquer trabalhador acabará por ser promovido até ao limite máximo do seu nível de incompetência. Foi criado em 1969 por Lawrence J. Peter.

41- Pensamento Estratégico - O desenvolvimento do pensamento estratégico na empresa é pré-requisito do processo de planejamento. A base do pensamento estratégico é o método científico, com seu questionamento passo a passo das relações de causa e efeito. Esse caminho lógico é usado para estabelecer planos fundamentados em premissas de mercado e governo. Cada premissa representa uma moldura referencial dentro da qual se desenrola o processo de análise de viabilidade dos projetos e investimentos da empresa. Todo investimento empresarial, seja em pessoas, processos ou mercados, deve ter seu resultado pré-avaliado e enquadrado na cadeia de valor proposta pela empresa ao mercado. Se não ficar claro o benefício previsto relativo a qualquer custo previsto, este deve ser questionado pelo colaborador mais diretamente envolvido. Pensamento estratégico é um hábito que pode ser desenvolvido por qualquer pessoa inteligente, dentro ou fora da empresa. Ao pensar de forma estratégica, o indivíduo consegue isolar mais rapidamente os dados relevantes em qualquer processo decisório, avaliando e descartando os não caminhos. Jogar xadrez é um bom exercício para desenvolver o pensamento estratégico.

42- Pensamento Lateral - Criado por Edward de Bono, o conceito de pensamento lateral consiste na geração de novas idéias e no abandono das obsoletas. Aplicado às empresas, é uma técnica para aumentar a criatividade e um recurso estratégico da organização. Na sua opinião, é necessário estimular o cérebro através da atitude de quebrar os princípios estabelecidos e passar a encarar a realidade de um modo diferente. De Bono distingue o pensamento lateral (descontínuo e destinado à geração de idéias) do vertical (contínuo e orientado para desenvolvê-las). Enquanto o pensamento lateral dá idéias, o vertical desenvolve-as.

43- Planejamento por Cenários - Trata-se de uma etapa importante do processo de planejamento estratégico, quando todas as variáveis ainda estão sobre a mesa. Como decidir pela melhor alternativa? Com uma planilha Excel e algumas horas de trabalho, consegue-se iniciar um processo de quantificação dos resultados previsíveis de algumas hipóteses de trabalho. Essas hipóteses de trabalho podem envolver produtos, serviços, campanhas promocionais, clientes, novos escritórios, investimentos, etc. Em seguida, essas planilhas são distribuídas pela empresa, envolvendo a participação de todos os interessados. O passo final dessa etapa será uma análise dos melhores retornos, visando a construir projetos com "padrinhos" definidos na empresa.

44- Project Management - Os princípios básicos de gestão de projetos nasceram em função dos desafios da NASA, nos EUA, na década de 50 sem os quais teria sido impossível coordenar milhares de fornecedores, por exemplo, no processo de projetar e construir um foguete espacial. De lá para cá, houve muita evolução, muito aproveitamento e muita derivação das ferramentas de gestão então criadas. Embora a gestão de projetos tenha sido criada há mais de 40 anos, o caminho para reunir pessoas, esforços e investimentos com objetivos claros e definidos ainda não está nítido para muitos diretores de empresa. Tecnicamente falando, a gestão de projetos é baseada na formação de equipes temporárias e multidisciplinares para desenvolver um projeto com começo, meio e fim definido. Os membros devem ter especializações e competências diversas. A equipe deve ser colocada sob a responsabilidade de um chefe de projeto (de qualquer nível hierárquico) que se reporta para um membro da direção-geral. Os membros não são desligados de suas responsabilidades, mas podem ter que delegar parte da rotina de trabalho.

45- Qualidade Total - Segundo o European Foundation for Quality Management (EFQM), os esforços para a qualidade total (TQM - Total Quality Management) são caracterizados pelos seguintes fatores: excelência nos processos, cultura de melhoria contínua, criação de um melhor relacionamento com os clientes e fornecedores, envolvimento de todos os trabalhadores e clara orientação para o mercado. Os melhores exemplos da aplicação da gestão da qualidade total são as empresas japonesas, que ironicamente foram ensinadas nos anos 40 e 50 pelos mestres americanos Deming e Juran.

46- Reengenharia - Michael Hammer, ex-professor do MIT, é considerado o pai desta teoria inovadora e radical. Mas a consagração só chegaria três anos depois com o livro Reengineering the Corporation, escrito em parceria com James Champy. Para os autores, a reengenharia significa um redesenho radical dos processos de negócio com o objetivo de obter melhorias drásticas em três áreas: nos custos, nos serviços e no tempo. Para muitos, virou sinônimo de desemprego, haja vista os cortes de pessoal que invariavelmente sucederam aos processos de reengenharia.

47- Risk Management - Ou gestão do risco, significa prever possíveis riscos do negócio, das pessoas ou dos ativos envolvidos. Engloba a política de seguros e as normas de segurança patrimonial sem dúvida, mas também envolve as possíveis contingências embutidas nos projetos da empresa. Qualquer projeto deve ter um capítulo de análise de risco, até para se decidir pelo seu avanço ou descarte.

48- Sinergia - No ambiente empresarial, existe a possibilidade de união entre duas empresas com mercados ou linhas de produtos complementares e assim se construir uma associação que vai resultar em ganho para ambos os lados. Isso se chama sinergia que, basicamente, significa que dois mais dois podem resultar em cinco. Claro que somar negócios é mais fácil do que somar pessoas. O conceito foi inicialmente apresentado por Igor Ansoff no livro Corporate Strategy. Se não existir sinergia (ou se esta for negativa) não valerá pena concretizar-se uma fusão ou aquisição. O conceito pode ser aplicado em outras áreas, como alianças estratégicas, joint ventures, acordos de cooperação, relações das empresas com fornecedores ou clientes e equipes de trabalho multidisciplinares.

49- Trade Marketing - Também conhecido como Channel Marketing, trata de um segmento possível do marketing de produtos e requer uma estratégia antecipada para funcionar. Se uma empresa já opera com distribuidores e está insatisfeita, dificilmente vai poder mudar as regras do jogo em andamento. Terá que desenvolver uma estratégia de by-pass, criando um negócio novo, com caminhos e objetivos novos. O conceito surgiu no início dos anos 90 devido à importância crescente dos intermediários (atacadistas ou varejistas) na distribuição. A relação entre produtores e distribuidores é, em regra, conflituosa. O objetivo do trade marketing é encontrar formas para que ambos ganhem o máximo de um acordo de colaboração. Propõe a criação de uma parceria de longo prazo entre produtores e distribuidores em áreas como trocas de informação, oferta do produto com a marca do distribuidor e publicidade ou promoções conjuntas.

50- Time Based Competition - Consiste na redução do tempo de resposta às evoluções do mercado. Hoje as empresas devem fornecer ao cliente o que ele quer, no momento em que ele deseja e não mais tarde, senão será a concorrência a fazê-lo. Segundo os autores do conceito, os norte-americanos George Stalk e Thomas Hout, do Boston Consulting Group, o controle do tempo é a chave para um bom desempenho da empresa. Não basta fazer certo, não basta vender certo, é preciso fazer tudo rápido. As pessoas hoje esperam que um e-mail seja respondido em menos de duas horas, ao passo que, como já sabemos, existem executivos que "abrem sua caixa" de e-mail uma vez por semana. Isso quando não viajam.

51- Urgente versus Prioridade - Definir prioridades não significa fazer uma lista, mas sim decidir antecipadamente o que não será feito. Como isso pode ser doloroso, costuma ser evitado. Existe um fosso entre as atividades que nos consomem tempo e aquelas que são realmente importantes. Os métodos de gestão do tempo tradicionais ensinam a fazer mais coisas em menos tempo, ou seja, a ser mais eficiente em áreas como os compromissos, reuniões, horários, objetivos e atividades. Os nossos maiores desafios não são, no entanto, resolvidos com a velocidade ou a quantidade de tarefas preenchidas. São problemas de eficácia (satisfação das nossas metas prioritárias) e de ordem qualitativa. Enquanto os primeiros dizem respeito ao modo como gerimos o tempo, os segundos referem-se à gestão das nossas vidas.

52- Vantagem Competitiva - Michael Porter demonstrou que as empresas bem sucedidas obedecem a padrões definidos de comportamento que podem ser resumidos em três estratégias genéricas (as fontes de vantagem competitiva sobre os concorrentes):

■ Liderança baseada no fator custo - Possuir custos mais baixos do que os rivais;

■ Diferenciação - Criar um produto ou serviço que é visto na indústria como único;

■ Focalização - Combinar as duas estratégias, direcionando-as para um alvo específico.

53- X, Y, Z - Nascidas no final dos anos 50, as teorias X e Y são duas visões opostas sobre a natureza humana e a forma de gerir a força de trabalho. Foram criadas pelo psicólogo Douglas McGregor, do MIT. A teoria X sustenta que os indivíduos não gostam de trabalhar, a menos que sejam obrigados a fazê-lo. A teoria Y defende que as pessoas têm sim auto-realização no trabalho e que cumprem melhor as suas tarefas se não forem vigiadas por terceiros. Já a teoria Z, de William Ouchi, é uma variante da teoria Y. Defende que os trabalhadores apresentam um grau de envolvimento similar ao dos gestores quando existe um sistema de recompensas e incentivos. O livro de Ouchi emprega bastante a palavra confiança, um pré-requisito fundamental para a gestão de pessoas. Sem confiança, o medo se espalha nas equipes de trabalho, emperrando projetos e destruindo boas intenções.

ANOTAÇÕES

Impressão e acabamento
Gráfica da Editora Ciência Moderna Ltda.
Tel: (21) 2201-6662